# 魏志倭人伝の解読

——邪馬壹國の謎の解明——

石田國夫

CHOEISHA

# はじめに

通称『魏志倭人伝《ぎしわじんでん》』と呼ばれている日本について記載されている最古の歴史書が三世紀末頃、晋の陳寿によって著された『三国志』の中の「魏書」第三〇巻烏丸鮮卑東夷伝倭人条の略称であることは、ご承知の通りである。

しかし、この『魏志倭人伝』の内容の解釈には諸説あり、現在、公式に認められた正解が未だ、ないのが、現状である。

約千八百年を経てなお日本にとって非常に重要なこの史書の解釈に正解がないのは現代を生きる我々にとって残念なことである。

開発優先で遺跡の可能性ある場所がどんどん破壊される懸念が近頃は増大しているのが現状ではなかろうか。邪馬台国の遺跡の所在に関しては、偶然に期待する考古学的発掘を待つのではなく、陳寿によって書かれた史実を精査、解読し、逆に考古学的発掘の方向を指し示す時期に来ているのではなかろうか。そんな訳で、『魏志倭人伝』の解読を微力ながら新たに試みたのが本書である。

『魏志倭人伝』の謎は、大きく分けると二つある。

第一の謎は、邪馬台国という国の名前である。倭人伝には、邪馬台国という国の名前は、一ヵ所だけにしか登場しない。

現在では当然の如く邪馬台国は、ヤマタイと発音しているが、『三国志』の現存する最古の写本は、邪馬台国の文字ではなく邪馬壹國となっている。邪馬壹國の邪馬壹という文字が、倭人の発音に相当する借字ならばヤマイ国、と読むのが常識的であろう。

江戸時代の京都の町医者松下見林が『異称日本伝』で、「壹」は「臺」の写し間違いとし、邪馬臺國を、ヤマタイ又はヤマトと読むとした。

しかし邪馬臺國は、ヤマタイともヤマダとも読める。現在は「臺」の略字「台」を使用した邪馬台国《やまたい》が一般の名前となっている。

邪馬壹國《やまい》には、違和感があるのは、筆者も松下見林と同意見である。

ヤマイという読みもさることながら、「壹」の文字を借字で使用していることにも疑問がある。

倭人伝では、壱岐《いき》を「一大」と記載しておりこれは誰にでも明らかに「壱岐」の間違い（誤写）と判る。

一方、「一大」から、倭人の発音の「イ」に対し倭人伝では、「壹」ではなく「一」の字を借字として使用していることは明らかである。

壱岐には、「一」を使用し、邪馬壹國に何故「一」ではなく「壹」を使用したか明快な理由が見つからず、多いに疑問が残る。

しかしどれが正解か筆者には、判断しかねるので本書では、原本と同じ邪馬壹國を使用した。

第二の謎は、『魏志倭人伝』に記載されている倭国、特に邪馬壹國は、現在の日本のどこにあったのかということである。

倭人伝には倭国の国々として全部で三十ヵ国が記載されている。そのうち、現在所在地が明白なのは、對馬と壱岐の二ヵ国のみであり、残りの二八ヵ国は、その所在地が現在の日本の何処にあったのかは諸説ありはっきりしていない（九州説、近畿説などを含め）。

但し、現在の定説では、末盧国《まつらこく》が現在の唐津、伊都国《いと》が糸島半島、奴国《なこく》、不彌国《ふみ》が博多湾にそれぞれ、あったことは、ほぼ間違いないとなっている。

しかし、もしこの説が本当に正しいのならば、倭人伝記載の方位と距離は、全くでたらめということになる。

『魏志倭人伝』では、北九州に到着したところが末盧国でそこから東南に五百里（約三八キロ）

内陸に伊都国がありそこからさらに東南百里（約八キロ）で奴国があり、さらに東百里に不彌国有と書かれている。

つまり、『魏志倭人伝』によると、少なくとも伊都国と奴国は、北九州の海岸より遥か内陸にしか存在しえないのである。

従って、現在のこの定説（伊都国、奴国が北九州海岸沿いにあった）を白紙に戻し、倭人伝記載の方位距離を倭人伝に従って、倭国の各国々の所在地を改めて検証し直してみたのが本書である。そのためには三世紀当時の中国での測量技術も調べてみた。

その結果は、『魏志倭人伝』は、結構な精度の方位と距離で記載されていることが判明した。

ここでは、結論のみを記載すると、邪馬壹國は、卑彌呼という女王を戴いた二五ヵ国の連合王国の国名であった。

女王卑彌呼が住む都は、現在の宮崎市生目《いきめ》遺跡の近くに存在した。

邪馬壹國は、女王卑彌呼の住む都とは別に、行政府が伊都国に存在した。

その伊都国は、現在の福岡県朝倉市付近にあったようである。

邪馬壹國では、江戸時代の京都と江戸と同様に王都と行政府が別々に存在したのである。

この邪馬壹國の基となった国は、一世紀頃より九州で栄えていた奴国であった。

吉野ヶ里遺跡よりはるかに大きい三世紀頃の遺跡が、朝倉市付近と宮崎市生目遺跡近辺に今でも地下に眠っているはずである。

また、『魏志倭人伝』では、倭国三十ヵ國以外にその倭国の東、海をわたった先に倭国と同じ倭人が住む倭種の国々があると記載している。つまり倭人伝が伝える倭国が九州に存在することを間接的に説明しているのである。

九州以外の本州、四国にも三世紀当時、倭人伝では詳細が記載されていない国々があったことが記載されている。

邪馬壹國近畿説は、この点からも非常に疑問が多い。

# 目次

はじめに　1
序章　『魏志倭人伝』について　9
第一章　魏の時代、距離と方位は、どのようにして計測したのか　21
第二章　帯方郡から邪馬壹國までの道順　37
第三章　連合王国邪馬壹國について　91
第四章　九州以東の倭人の国について　115
第五章　『魏志倭人伝』に関係する種々の情報　119
第六章　五世紀の倭の五王について　135
第七章　大和朝廷成立について　145
付　録　156
参考資料　166

# 魏志倭人伝の解読

―邪馬壹國の謎の解明―

# 序章　『魏志倭人伝』について

三世紀末に陳寿によって書かれた『三国志』の中の魏書（烏丸伝、鮮卑伝、東夷伝、の三部から構成されている）の東夷伝、倭人条に当時の倭（人・地・国）について記載されており、これが通称『魏志倭人伝』と呼ばれている全文一九八五文字の日本について書かれた最古の歴史書である。

『三国志』は、魏書（三十巻）、蜀書（十五巻）、呉書（二十巻）の三部からなり、全体で約三六万字の大著である。

この膨大な『三国志』を陳寿は、西暦二八一〜二八五年の僅か四年間で書き上げたと言われている。

陳寿（西暦二三三〜二九七）は、蜀の四川省巴西郡安漢県の出身であった。同じ県出身の先輩、譙周《しょうしゅう》に師事し学を修めた。

譙周は、蜀の歴史官であった為、陳寿も師に倣って蜀の歴史官となった。譙周は、陳寿の才能を深く理解していた師であり、春秋公羊学《くようがく》の大家でもあった。従って陳寿も春秋公羊学の一流の理解者であり、その使い手であった。

この春秋公羊学が、『魏志倭人伝』を解読する大きな鍵となる。

春秋公羊学については、後でもう少し詳しく説明する。

陳寿が歴史官となった当時、蜀では劉禅（劉備玄徳の子）が皇帝であり、この皇帝の教育官であった董允《とういん》が亡くなった後、宦官の黄皓《こうこう》が皇帝劉禅のお気に入りで、政治に絶大な権力を振るっていた。

陳寿は、賄賂で政治を牛耳るこの宦官黄皓とソリが合わず度々衝突し何度も左遷された。

やがて蜀は、西暦二六三年に魏の侵略により滅亡するのであるが、その折、皇帝劉禅は、譙周の忠告を聞き入れ魏に降伏し、蜀は滅亡したのである。

陳寿は、このような師、譙周の愛弟子であった。

蜀が滅んだ後、陳寿は、昔の同僚の羅憲にスカウトされ魏に移ったが、その後すぐに魏は、司馬炎によって西暦二六五年滅ぼされ晋となった。司馬炎は、五丈原で蜀の諸葛孔明《しょかつこうめい》と戦った魏の有名な将軍司馬懿仲達《しばいちゅうたつ》の孫である。

この司馬懿仲達が、西暦二三八年現在の北朝鮮内にあった楽浪郡《らくろう》、帯方郡《たいほう》を当時支配していた公孫淵を滅ぼし、これら二郡を接収した。その結果倭国や韓国が帯方郡を通して魏に通交できるようになった。司馬懿仲達は、この軍事的成功によって魏の政界の中枢に君臨するようになり、やがて西暦二四九年クーデターを決行、曹一族を倒し魏の実権を握った。

卑彌呼が亡くなって二年後のことであった。

従って倭国と関係の深かった楽浪郡、帯方郡を含む現在の北朝鮮、中国東北部及び山東半島地方は、司馬一族の晋王朝建国の地であった。

魏が晋となった後、司馬懿仲達の配下の軍人であった重臣張華《ちょうか》の引き立てで、陳寿は、晋の歴史官の著作郎となった。その晋で、私撰の書として陳寿は、『三国志』を書き上げたのである。また、陳寿の時代には、陳寿の『三国志』とは異なる、王沈が編纂した魏書がすでに存在した。

だがこの書は、時勢に配慮した内容であったため、陳寿、劉知機等がそのことで王沈を厳しく責めたと言い伝えられている。更に夏侯湛《かこうたん》という人物も魏書を書き上げていたが陳寿の魏書を読み、その出来栄えに驚き自分の魏書を破り捨てたという。

陳寿が完成させた『三国志』は、当時の一流知識人がこのように等しく認める非常に完成度が高い歴史書であったようである。

さてここで前に述べた、中国史書の文章術である春秋公羊学について少し説明しよう。

筆者も春秋公羊学について詳しい訳ではないので、孫栄健氏の『邪馬台国の全解決』を参考に説明する。

魏の時代は、春秋公羊学が盛行していた。

中国の史書「二十四史《にじゅうしし》」は、孔子が書いたと言われる『春秋』が原点で、これらの二十四史全ては、この『春秋』の筆法、文章術を継いでいると言われている。『春秋』の文章術とは、ある意図「大義」を持って、文章に小さな矛盾「微言《びげん》」を作り、「深意（真実）」を語ろうとする手法である。これを「微言大義」という。

また、文字一字一句の厳密な使用と逆用を駆使する「一字褒貶《ほうへん》」の文章術でもある。

このような筆法を研究する学問が春秋公羊学である。

従って、この春秋公羊学の文章術を解読するには、先ず文の矛盾を見つけ、次にその意図を探り、深意を見つける必要があり、文字の厳密な使用方法の違いも見つけなければならない。

『三国志』も、当然のことながら、この春秋公羊学の文章術に従って書かれている。

春秋公羊学的表現の一例を挙げると、次のようなものである。

中国の二十四史には、必ず年代記があるが、この年代の表現方法で公羊学の文章術を説明してみる。
一、甲公　十三年　春　四月十五日　公が小寝で薨ぜられた。

二、甲公　十三年　春　四月十五日　公が薨ぜられた。
三、甲公　十三年　春　四月十五日　公が呉で薨ぜられた。
四、甲公　十三年　春　四月十五日　公が会稽で薨ぜられた。

上記四つの例題では、ある国の甲公の死亡日時を史書の中で伝えている例であるが、その死の内容は、四つの表現方法では、全く異なる。

一、通常の表現で、宮殿の寝室で病死。死亡場所が明記されている。
二、国内で暗殺された。死亡場所が明記されていない。
三、他国の呉で暗殺された。呉での死亡場所が明記されていない。
四、呉の会稽で国外亡命中に病死の意味。呉での死亡場所が明記されている。

一が正しい表現形式であるが、二、三、四は、あえて一と違った形式をとり矛盾させることにより真相を伝えようとしている。これが「微言大義」である。どうしてこういう面倒な表現をするかというと、機密の保持と、『「三世異辞説」』からである。

「三世異辞説」とは、歴史を記録するにあたり、下記のような時代区分の内、特にハの場合は、史実の関係者が存命中で、悪い情報の記録の仕方に注意しないと史書の編集者の命にかかわるので、間接的に史実を表現した。

イ、記録もはっきりしない遠い伝聞の時代（所伝聞世）
ロ、記録はある程度残っている近い過去の時代（所聞世）
ハ、当事者がまだ生きている同時代（所見世）

『魏志倭人伝』も前述した通り、春秋公羊学の文章術を駆使して書かれている。春秋公羊学の文章術をある程度理解することが、『魏志倭人伝』を読み解く上で、非常に重要な鍵となる。『魏志倭人伝』の記載に矛盾があるのは、この文章術のためと思われる。つまり、『魏志倭人伝』文中に矛盾があるのは、間違いではなく、隠された真実が必ず存在するということである。

倭人伝を読み解くということは、陳寿との知恵比べをする、ということである。

『三国志』が晋の国史となったのは、彼が六五歳で亡くなった後であり彼の生前は国史としては、認められなかった。彼の死後、梁州の人事院長官で皇帝の秘書官であった范氏が陳寿の『三国志』を読みその出来栄えに感心し、彼の『三国志』を国の史書として皇帝司馬衷（二代恵帝）に推薦、上表した結果、陳寿の『三国志』は、正式に晋王朝公認の史書と認められたのである。

その結果、陳寿の書き上げた膨大な『三国志』の原稿を彼の死後、国家の役人達が、陳寿の自宅で『三国志』原本を書き写したと言われている。その折に、特に、倭の国々の国名、個人名など主に借字（仮借）に関し、読み間違い、写し間違いがあったようである。

陳寿の原稿は、約三六万字を四年で書き上げたことより当然ながら草書体であったと思われ、その原稿を写す役人達も草書体を使ったであろうことから、当然、写し間違い、読み間違い等が有ったことは、草書体は崩し字のため容易に想像できる。

特に音のみを表す借字は、字自体に意味がなく、従って、間違いやすく、借字故に後で文脈から文字の間違いの検証が困難であった。

また当時の倭国の地理環境を後の世で検証することも、環境が変化し非常に難しいことから、各方面に借字の解釈で諸説、議論を呼ぶことになった。

陳寿は、何を参考にして『東夷伝倭人条』を書き上げたのであろうか。

『三国志』より二十年程早く魚豢《ぎょかん》によって著された『魏略』は、参考にしたと思われる。しかし残念ながら『魏略』は、その原文は今日残されていない。『魏略倭伝逸文』が残されているのみである。この逸文は、省略、間違いが多く現在は、この逸文自体は、歴史書としてあまり参考にならないと言われている。

倭国に派遣された魏の使節梯儁《ていしゅん》の『倭国訪問報告書』は、当然、当時存在していたと思われるが、これを、陳寿としても主要な参考資料にしたと思われる。（卑彌呼と魏が国交を交わしてより、僅か三〇～四〇年後に倭人伝は、著された）残念ながらこの報告書も現在は残っていない。

また、陳寿の後ろ盾であった張華（西暦二三二～三〇〇）は、陳寿が三国志を執筆していた時期、現在の北京市に当たる場所に駐在していた晋国の極東方面軍の最高司令官で、特に倭国、朝鮮半島、山東半島を含む地域の行政の最高責任者であった。

しかも、上記した様にこの極東アジア地域は、晋王朝司馬氏の建国の地でもあった。従って、陳寿は、これらの地域に関する当時の晋国の軍事、地理、政治、外交の最高機密書類を当然閲覧できる立場にあったと思われる。

当時では、最も正確で、最新の倭国に関する晋の国家機密情報を参考にして、彼は、『東夷伝倭人条』、つまり『魏志倭人伝』を書き上げたことは、ほぼ間違いない。

以上より、『三国志』においては、陳寿の性格からして、時勢に配慮して事実を曲げて表現することは、可能性が極めて低いと思う。

しかし春秋公羊学的な文章術、筆法を駆使し、文字や語順を変えたり、単位を変えたりして、この公羊学を理解しない人間にとって『三国志』は、非常に難解な内容になっていると思われる。

一方、陳寿の『三国志』は、三世紀当時の晋の知識人達には、容易に理解され、その価値は高く評価され、その結果、晋の国史として認知されたことは、注目せねばならない。

つまり春秋公羊学を理解していた人達には、陳寿の『三国志』は、難解な書物ではなかったということである。

従って本書では、陳寿の『魏志倭人伝』原本を書き写す時の誤記、間違いらしき個所のみ訂正しその他の内容は、当時の使節の見聞を正確に表現しているという前提で、公羊学の「一字褒貶」、「微言大義」を考慮し、倭人伝に隠された謎を以下解いてみようと思う。

その鍵となるのは、倭人伝に数多く記載されている方位と距離の解析である。

三世紀では、いかにして方位と距離を計測していたのかを分析し、当時と同じ方法でそれらを検証し、『魏志倭人伝』に記載されている各国々の場所の特定を試みてみる。

三世紀当時、魏では、驚くほど正確に距離と方位を計測していたことが明らかになる。従って、倭国の地理も魏の人々は、正確に認識しており、『魏志倭人伝』もその正確な倭国の地理情報を基にして記載されていると考えられる。

倭人伝の地理的説明から解読を試みると、江戸時代の新井白石、本居宣長から今日までの色々な人々の『魏志倭人伝』解釈（主に地名からの場所の特定）とは、違った世界が見えてくる。

# 第一章　魏の時代、距離と方位は、どのようにして計測したのか

## ■『魏志倭人伝』の距離について

『魏志倭人伝』には、距離について、里単位の「理数距離」の表現と「日数での距離」の表現の二種類が使われている。

『隋書』に、〈夷人不知里數但計以日→夷人は理数を知らず、距離を計るに日数で数える〉と記載されていることより、当時の倭国では、長さの概念が希薄で距離を日数で計っていたようである。従って、『魏志倭人伝』において、里で表現されている理数距離は、魏の使節に同行した魏の役人が三世紀当時の中国で使われていた計測方法で、実際に現地で測量し得たデータを基に算出したのであろう。

一方、日数で表現されている距離は、倭人より得た情報であろうと思われる。

ということは、日数で表示されている距離の場所には、魏の使節は、行っていない可能性が大である。あるいは、魏の使節が実際に行っていたとしても何らかの理由で理数距離を計測する時間がなく仕方なく、倭人から聴取した日数距離を書かざるを得なかったのかもしれない。では、当時の魏国では、どんな方法で距離を計測していたのであろうか。

当時の中国では、後漢時代（西暦二五〜二二〇）には、すでに成立していた『周髀算経《しゅうひさんけい》』が、役人に対する天文学測量の教科書であったようである。

つまり当時、一般の魏の役人は、この『周髀算経』を当然知っていたと思われる。従って、倭に派遣された魏の使節も、『周髀算経』は、知っていたのではなかろうか。

『周髀算経』には、「一寸千里法」という最古の天文測量法が記載されている。『魏志倭人伝』に記載された個々の場所の子午線方向距離（南北距離）は、この方法で計測されたと考えられる。

## ■「一寸千里法」について

周の陽城（洛陽）に水平な面を定め、その面の中心の一点（基点）に八尺（八〇寸）の棒を垂直に立て、その影（日影長）を夏至の太陽南中時（正午）に計測する（陽城では一六寸となる）。

同時に、その陽城の基点の真南の子午線上に同じく八〇寸の棒を水平面に垂直に立て、夏至の太陽南中時に、その日影長が最初の基点（陽城）の日影長より一寸短くなる（一五寸）

**図１ 蓋天説の一寸千里法（半沢英一氏による図解）**

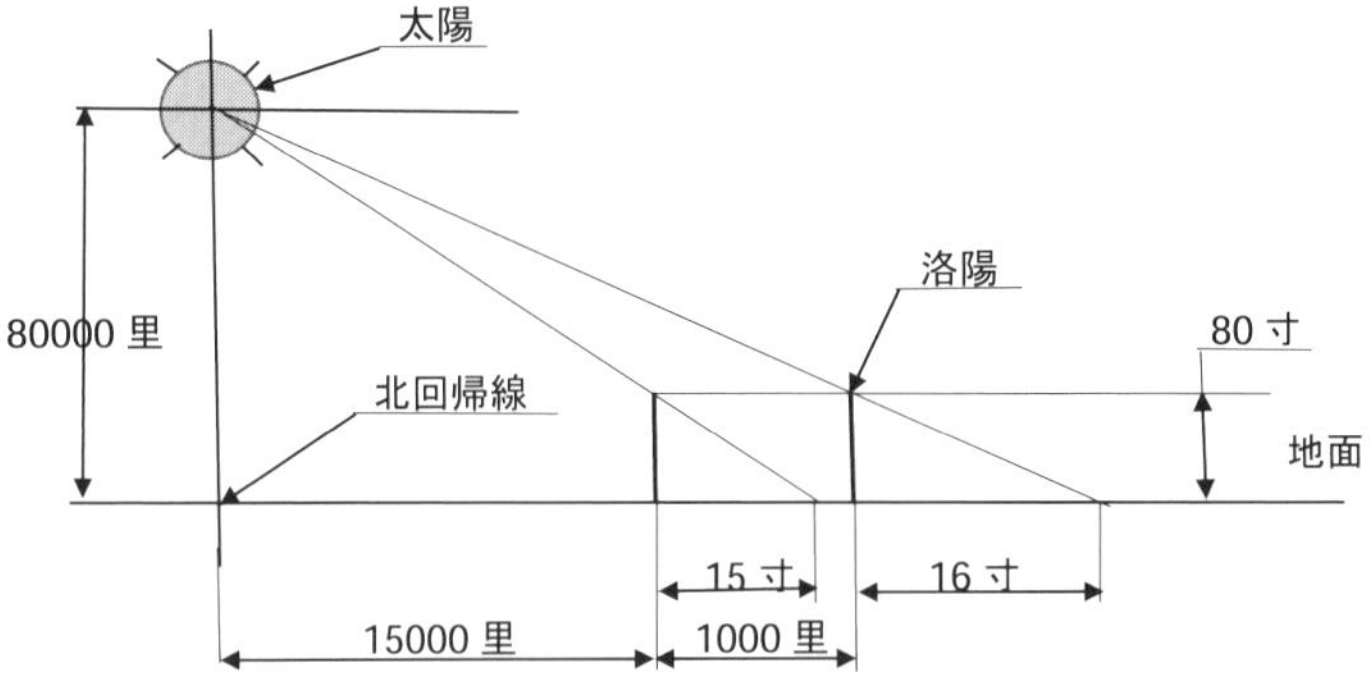


地点を探し、定める。夏至の太陽南中時に、八〇寸の棒の日影長に一寸の差がある、この南北の二地点間の距離を千里と定めたのが、「一寸千里法」である。

陽城の緯度は、北緯３４・７５度（日影長一六寸）でありそこから千里南の地の緯度は、八〇寸の棒とその日影長（一五寸）から計算すると北緯３４・０６度となる。

Arctan（１５÷８０）＋２３・４４度＝３４・０６度

「一寸千里法」での長さの単位里とキロメートルの換算値を算出してみる。

地球の極半径六三五七キロより、緯度一度の実長は、一一〇・九五キロであることから、一里＝110・95×（34・75−34・06）÷1000＝76・55メートルとなる。

従って、「一寸千里法」では、里は短里であり、一里＝七六・五五メートルとなる。『三国志』に、韓国（馬韓、弁韓、辰韓）は、方四〇〇〇里と記載されている。当時の韓国は、現在の韓国のソウルより南の朝鮮半島全域とほぼ同じ位置にあった。約四〇〇〇里四方とは、上記の短里で計算すると約三〇六キロ四方であり、現在のソウルより南の韓国の広さと大きな差はない。（図2参照）

以後この一里＝七六・五五メートルを、倭人伝の里とキロメートルの換算値として使うこととする。ちなみに魏の時代の長里は、一里＝四三五メートルである。従って『魏志倭人伝』においても、短里を使用していることは、ほぼ間違いない。

当時の魏では、長里と短里を併用していたようである。

では何故、陳寿は、当時の距離の主要な単位であった長里を東夷伝には使わなかったのか。考えられる理由は、二つである。

第一の理由は、陳寿の後ろ盾であった張華の軍事、統治成果を誇大（五〜六倍）に表現するのに短里を使ったのではと思う。上記した「三世異辞説」である。

図２　韓国４０００里四方

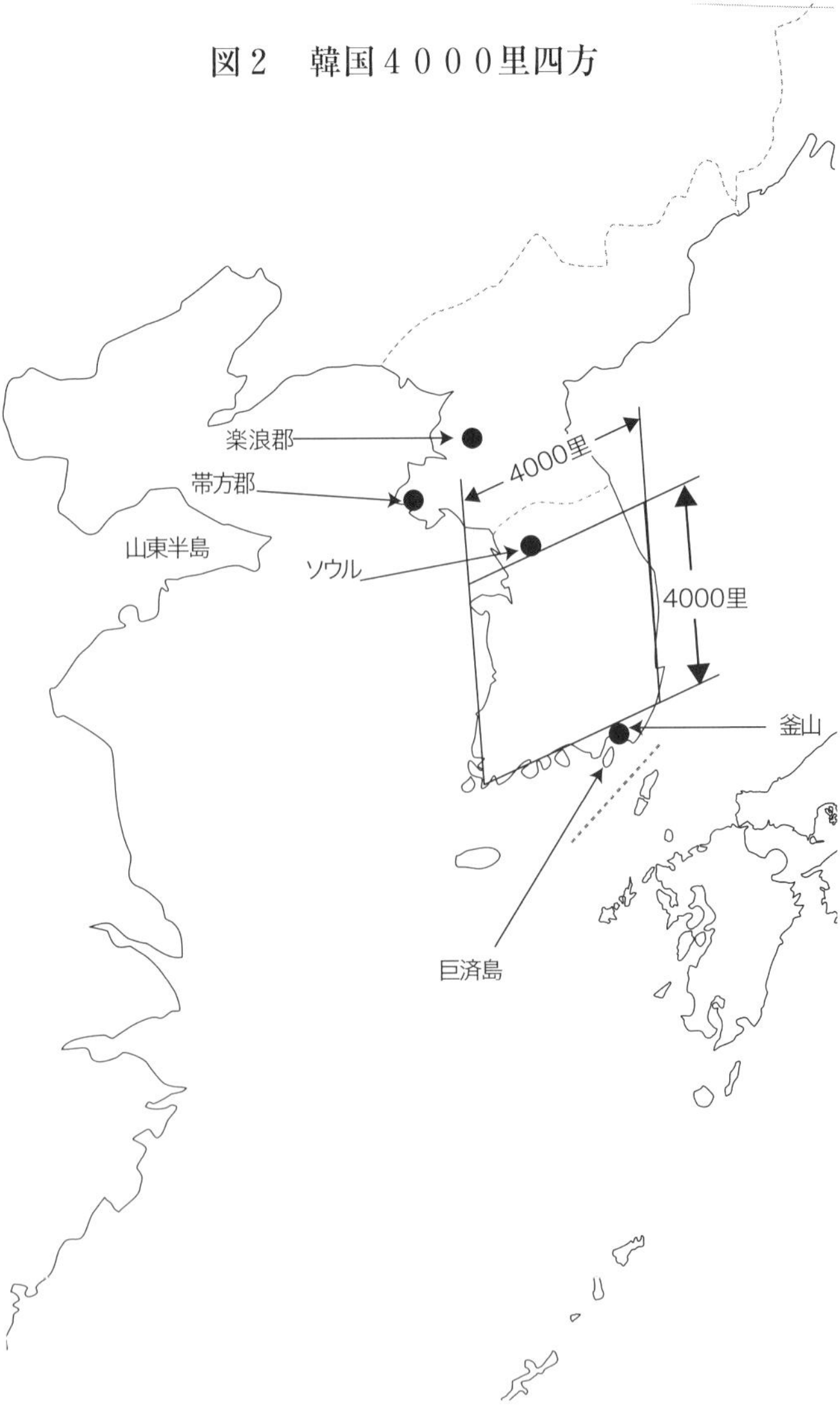

張華は、当時、晋の極東方面軍司令官であったことは前章で述べた。朝鮮半島、倭国は、張華の守備範囲内であった。

陳寿と同時代の人の記録を残すのに細心の注意を払う必要があり、ましてや、直接の上司であり陳寿のよき理解者でもあった張華を多少よいしょ、しなくてはとの思いがあったのかもしれない。堅物の陳寿でも上司である張華には、この程度は気を使ったようである。このことが、『魏志倭人伝』の距離の解釈を難解にする一因でもあった。

第二の理由は、「一寸千里法」を適用すると移動中の面倒な測量を大幅に省けることである。

このことが、倭人伝に短里を使った最大の理由と思われる。

「一寸千里法」を使うならば、倭人でも夏至に日影長を計測することは可能で、魏の使節にその計測方法を教わり、その結果を実際使節に報告したことは、十分あり得ることである。

そうすれば、現地に行かなくても目的地の日影長の計測結果を入手するだけで目的地までの、子午線距離は、簡単に知ることができる。つまり移動中の面倒な測量の手間を大幅に省けるのである。

このことが倭人伝で短里を使用したもう一つの大きな理由と思われる。

長さの単位は、里以外に、丈、歩、尺、寸、がありそれぞれの関係は、次のようになっている。

一丈＝一〇尺
一歩＝六尺
一尺＝一〇寸

長里では、一里＝三〇〇歩であるが、短里では、一里＝五〇歩と思われる。

従って、一歩は一五三・一センチとなり、一尺は二五・五センチ、一寸は二・六センチとなる。

『周髀算経』は、蓋天説と呼ばれる天動説で、「一寸千里法」は、この天動説を前提にしている。

蓋天説は、図1の通り、天と地面は、球でなく水平であるとの概念である。

従って距離が長くなると、地球は球形なので、当然実長との誤差が大きくなる。

夏至の南中時においては、北回帰線上では日影長は、ゼロとなるので、その事から計算すると、『周髀算経』では、洛陽から北回帰線までの真南直線距離は、日影長の差一六寸より一六〇〇〇里となる。

現実の一寸千里法は、図3のようになる。

洛陽から真南の北回帰線までの実際の長さ（図3の弧Ｂ―Ｃ）は、緯度一度＝一一〇・九五キロより、１１０・９５×（３４・７５－２３・４４）＝１２５４・８キロである。

図3 現実の一寸千里法（谷本茂氏による図解）

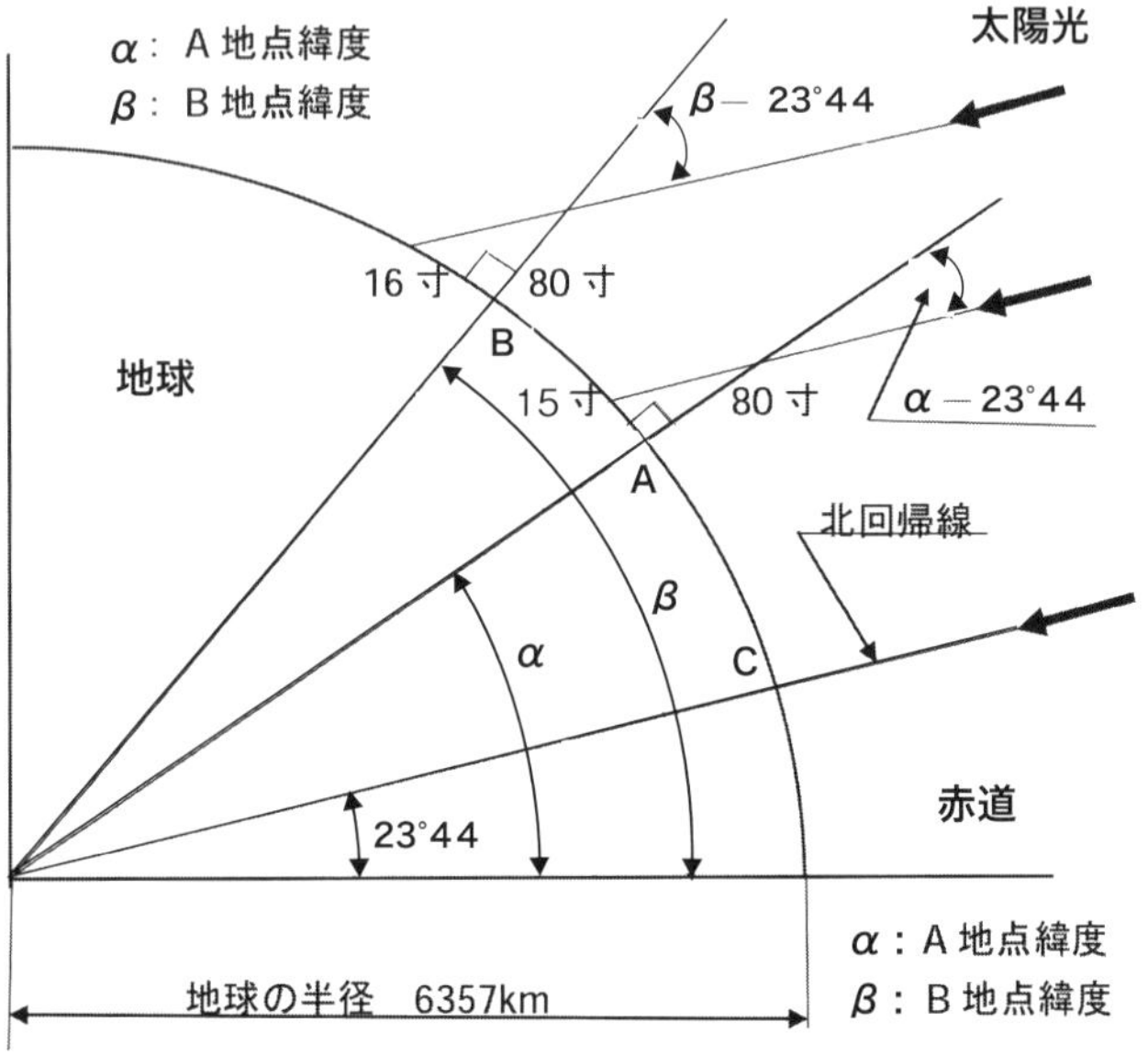


（図3参照）

一二五四・八キロは、「一寸千里法」では、一万六〇〇〇里なので、一里＝七八・四二メートルとなる。

前に定めた一里＝七六・五五メートルに対し一・八七メートル／里（二・四％）の誤差がある。

蓋天説と球状の実際の地球では、距離が長くなると誤差がこのように大きくなる。

また、太陽は面光源（視直径〇・五三度）であるので、影には半影が生じる。その半影は、北緯四〇度で約〇・八寸程度である。

従って日影長の計測では、影が一寸以

内は目分量となる。

『周髀算経』の詳しい解説は、谷本茂氏の（中国最古の天文算術書『周髀算経』之事）を参照されたし。

以上で、魏の時代の子午線方向の距離の計測方法は判明したのであるが、では当時方位は、どう計測したのであろうか。

一つ確かなことは、日影長が同じならば、いかに二地点が遠く離れていようともその方位が東西ということは、「一寸千里法」を知る者には、容易に理解できることである。

## ■『魏志倭人伝』の方位について

地上のすべての所在地は、既知の点（基点）からの子午線距離と方位が判れば、確定する。いわゆる、三角測量法である。

子午線（南北）距離は、「一寸千里法」の日影長で決まるとすれば後は、方位をいかにして当時計測したかということになる。

以下に推測される当時の方位の計測方法について説明する。

## □インディアンサークル法

インディアンサークル法で東西方向方位は、当時誰でも容易に得られた。

インディアンサークル法とは、紀元前にインドで発見された方法で一本の棒で水平面に円を描き、その中心にその棒を垂直に立て、日の出から日没までその棒の影を観察し、影の長さが一日の中で円と一致した二点を結んだ線の方向が東西となる。

次にその東西方向線に垂直な線を引くと南北は、求められる。（図４参照）

中国、日本で南北東西とは言わず、東西南北というのはこのインディアンサークル法を古くから知っていて実際に使っていたためではなかろうか。

方位は、全体を十二等分に区切って基本は表現したと思われる。つまり北から時計回りに子、丑、寅、卯、辰、巳、午、未、申、酉、戌、亥と三〇度とびに表現した。

『魏志倭人伝』では、さらに東南（辰巳）方向の記載もあり、二十四等分刻み（一五度とび）でも計測していたようである。

次に直接見渡せない「イ」地点、「ロ」地点を計測する時、両地点を見渡せる高い山などのランドマーク「ハ」を決められると、たとえ「イ」と「ロ」が直接見渡せなくとも、日影

## 図4 インディアンサークル法

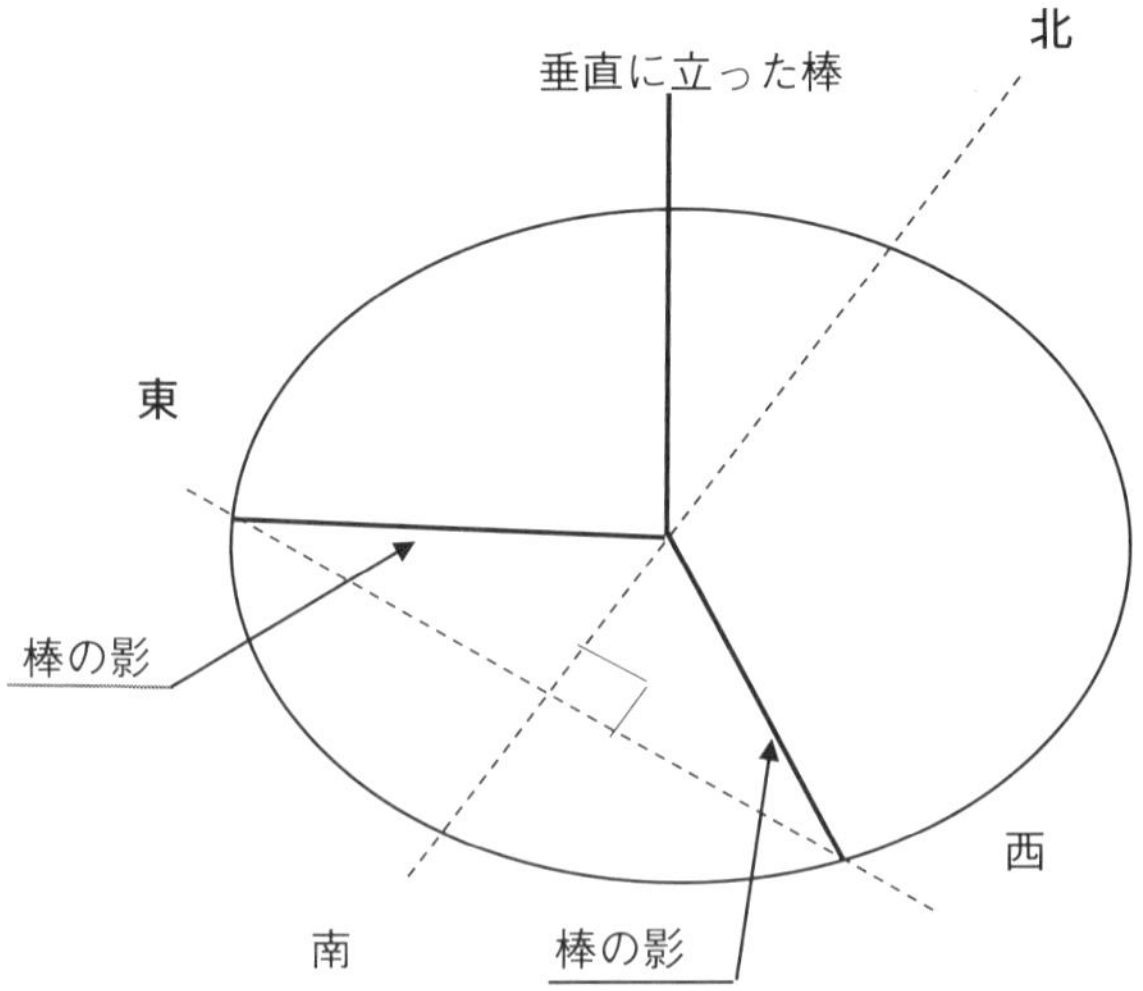

長で「イ」「ロ」「ハ」間の各子午線距離が判っていれば、見渡せる「イ」「ハ」間の方位と、「ロ」「ハ」間の方位を計測で知ることによって、作図により見渡せない「イ」「ロ」間の方位と距離を知ることができる。

ただし地球は、球形なので、例えば、五〇キロ離れると、山の裾野から一七六㍍の高さまでは、地平線に隠れ見えなくなる。高い山のない場所では、この計測が結構大変となる。

魏の時代も以上のようにして距離と方位を決めたと思われる。

また中国には紀元前に著された作者不明の『九章算術』という算術書がある。

当時の魏の数学者劉徽《りゅうき》は、この『九章算術』の解説で、ピタゴラスの定理と全く同じことを記述している。（直角三角形の三辺の内、二辺が既知であれば、残る一辺も求めることができる）また円周率までも計算しておりその存在を知っていた。

『九章算術』では、辺長比が三対四対五の整数であるピタゴラス三角形が頻繁に使われている。

この三角形は直角の作図にも使用される。（ピタゴラス三角形は、直角三角形である。）

ピタゴラス三角形は、前述の三〇度及び一五度とびの方位と組み合わせて、さらに細かい方位の計測にも利用されていたようである。一五度を更に細かい七・五度とびの計測が可能であった。（図5参照）

## 図５　ピタゴラスの直角三角形

ピタゴラス三角形とは、三辺の比が３：４：５の三角形で必ず直角三角形となる。

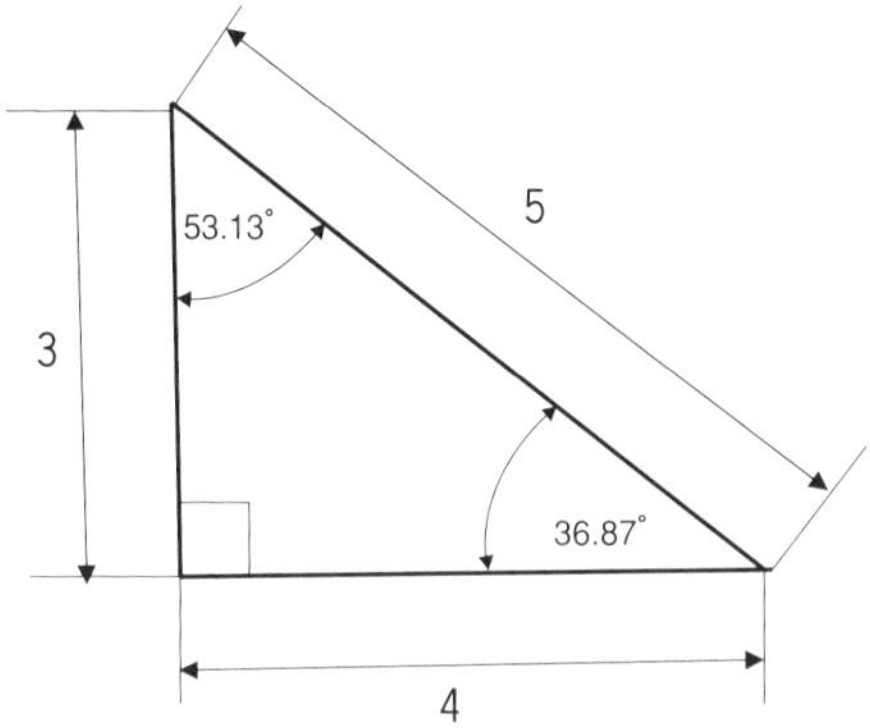


例

53.13° と36.87° は24等分の方位と
組み合わせて48等分として使用したと思われる。

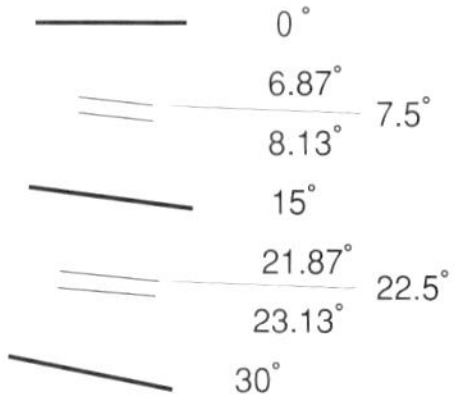

魏の時代、前述の様に、測量、計測に必要な技術、数学は、想像以上に進化していた。従って、『魏志倭人伝』に記載された方位、距離は、かなり正確であったと推測される。現在、定説となっている伊都国、奴国、不彌国の位置が三ヵ国とも玄界灘の海岸線に位置するとなっているのについては、『魏志倭人伝』のこれらの計測方法の正確度からすると、多いに疑問がある。

倭人伝では、九州の上陸地点（通説では、唐津）から伊都国に〈東南陸行五百里〉であるのに対し、現在の倭人伝解釈の定説は、上陸地点を唐津の海岸とし、同じ海岸線上にある糸島半島に伊都国は、存在したとしているが、そうすると上陸地点の唐津から伊都国の方向は、ほぼ東西方向ないし東北東方向に五〇〇里となり、倭人伝の記載内容〈東南方向〉とは、全く矛盾する。まして、投馬国《とうま》、邪馬壹國が南に水行となっているに対し、九〇度方向間違いで東に水行との説は、全くあり得ない説と思う（邪馬壹國近畿説）。

# 第二章　帯方郡から邪馬壹國までの道順

## ■帯方郡から狗邪韓国まで

さて、いよいよ『魏志倭人伝』に記載されている邪馬壹國までの道程を辿ってみよう。

先ずは、帯方《たいほう》郡から狗邪韓《くやかん》国までの道程を辿る必要があるが、そのためには、出発地である、帯方郡の位置を特定しなければならない。

### □帯方郡はどこにあったのか

帯方郡の場所については、諸説存在し、今日現在未だ、はっきりしていない。
しかし、帯方郡の位置を特定するヒントは、『魏志倭人伝』の中にいくつかある。
それらのヒントを次に並べ比べ、帯方郡がどこにあったかを推理してみよう。

一、倭人は、帯方郡の東南方向の海を隔てた所に住んでいる。〈倭人在帯方東南大海之中〉

二、狗邪韓国までは、直線距離で約七〇〇〇里（五三六キロ）である。（図6参照）

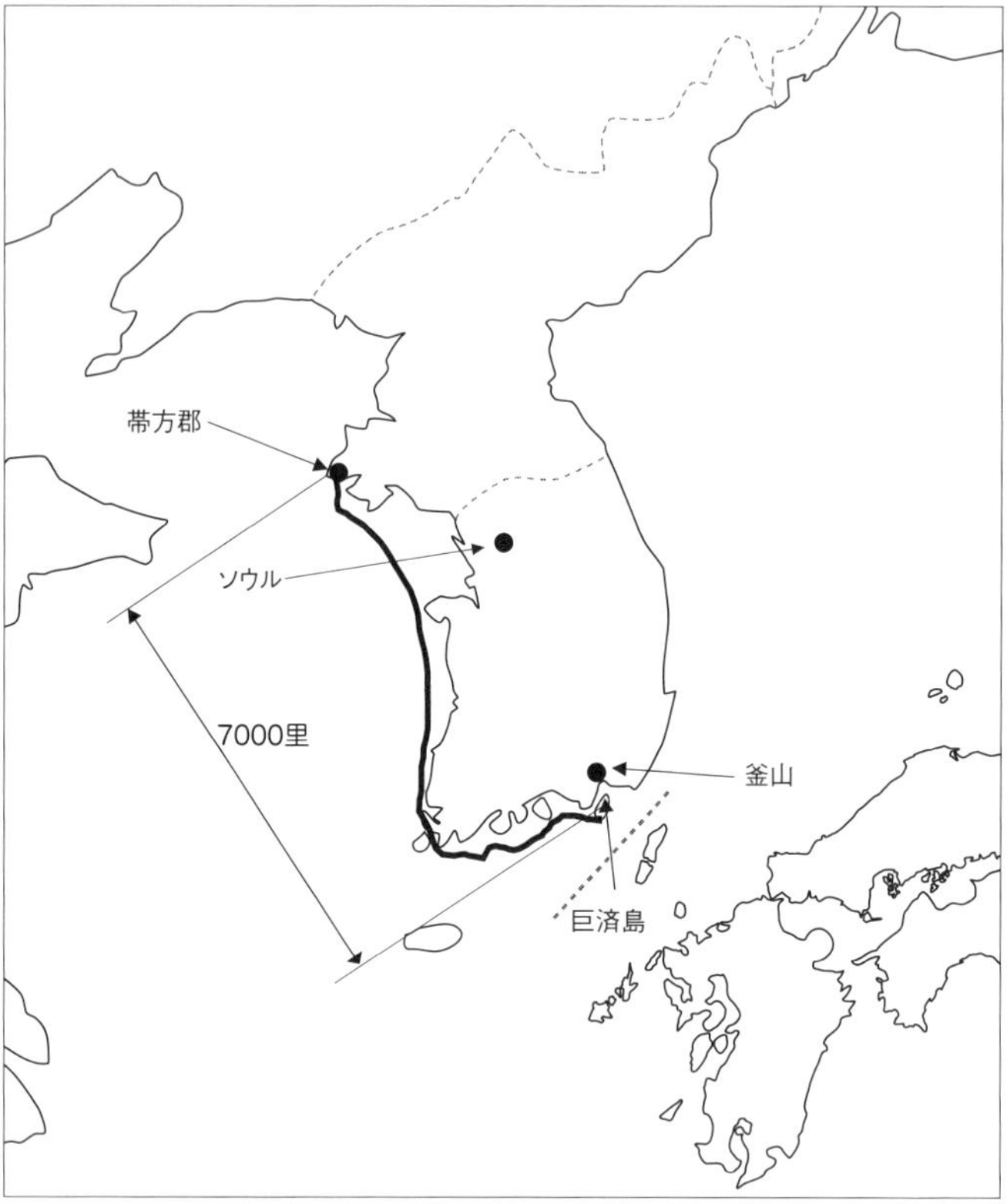


図６　帯方郡から巨済島航海ルート

〈従郡至倭循海岸水行歴韓国乍南乍東到其北岸狗邪韓国七千餘里〉

この帯方郡と狗邪韓国間距離約七〇〇〇里は、上記の語順からして、帯方郡から狗邪韓国までの直線距離である。もし、移動距離ならば、「循海岸水行七千餘里歴韓国」と書くべきで、距離七千餘里は、「水行」の動詞のすぐ後に記載されるはずである。（後の章でさらに詳しく検討する）

航海しながら約七〇〇〇里の移動距離を計測するのは、当時の測量技術では、不可能であろう。

次の項で説明するが、帯方郡の次の寄港地狗邪韓国は、巨済島《コジェ》にあった。

つまり帯方郡は、巨済島から北西方向約七〇〇〇里の直線距離の所に存在したことになる。

従って帯方郡は、現在の韓国内には存在せず、今の北朝鮮内に存在したことになる。

通説である、ソウルに帯方郡が存在したこともあり得ない説である。

三、帯方郡から狗邪韓国まで行くのに朝鮮半島の西海岸に沿って南に水行たちまち東に水行すると記載されている。つまり南、東、南、東とジグザグに方向を変えながら、朝鮮半島の西海岸線を東南に航海することになる。従って、帯方郡の都は、南に開けた港がある場所が有力となる。
四、韓国（馬韓、弁韓、辰韓）は、前に説明したが、概略方四〇〇〇里であると、『三国志』に記載されている。
つまり帯方郡に属さない韓国は、四〇〇〇餘里四方の四角形の地形ということになる。

この四〇〇〇餘里四方（約三〇六キロ四方）の北の端に非常に近い場所にソウルは存在することになる。従って現在のソウルに帯方郡があったとするのはここでも無理がある。

（図2参照）

ソウルに帯方郡があったとすると、その場所は、韓国の四〇〇〇餘里四方の境界のすぐ傍ということになる。

韓国との国境線の直ぐ近くに帯方郡都は位置することになり、そんな場所に帯方郡の都を設置すると考えられない。

帯方郡が現在のソウルにあったとする説は、やはり誤りであろう。

以上より帯方郡は、現在の北朝鮮のどこかにあったと思われるが、ただし楽浪郡、帯方郡と行政区を分けている以上、楽浪郡（現在の平壌）よりある程度南に距離をおいた所に帯方郡は、存在しなくてはならない。

以上の条件をおおむねすべて満たす場所は、現在の北朝鮮、長淵市《ちゃんよん》の南西、長山岬《ちゃんさん》の根元、黄海南道にある大東湾の海岸辺りのみである。

魏の都陽城（洛陽）から朝鮮半島への道のりの最短ルートの最後は、山東半島から船で朝鮮半島に渡ることになる。この最短ルート上に長山岬は、位置している。そこが帯方郡の郡都であってもおかしくない。


（図６参照）


西暦二〇四年、公孫康が帯方郡を設立した当時楽浪郡は、魏と仲の良くなかった公孫氏に支配されていた。その帯方郡設立の理由は、公孫氏が倭、韓を勢力下に置くため、楽浪郡の更に南の地に、倭、韓と対峙した政治、軍事の拠点を新たに必要としたためである。

楽浪郡より南の地で、敵対している魏の最前線の山東半島にも近く、しかも倭、韓にも近い場所は、現在の北朝鮮領内の黄海道、大東湾であり、この地は、帯方郡の都として、その目的とする防衛と政治の拠点には最適地ではなかろうか。またこの地は、倭人伝の記載通り、すぐ南に船出ができる。

## □狗邪韓国は、どこにあったか

帯方郡から倭国へ向かった、魏の使節が朝鮮半島で最後に寄港した狗邪韓国の所在地を探してみよう。

現代の通説では、狗邪韓国は、現在の釜山にあったとされている。しかしこの通説では、二つの大きな矛盾がある。

第一の矛盾が、朝鮮半島から對馬に渡る最適地は釜山にあらず、ということである。朝鮮半島と對馬の間の海峡には、北東方向に流れる對馬海流（親潮）が存在し、この海流を横切る関係で朝鮮半島から対馬に渡る最適地は巨済島である。

狗邪韓国が釜山にあったとすると、對馬の浅茅湾を目指すには、北に偏り過ぎており、釜山を船出後海流に逆らって南西に巨済島までまた戻ることになる。そこまでして帯方郡からはるばる航海してきた船が巨済島を通り越し釜山まで行く理由が見当たらない。

（図7参照）

また、釜山から對馬までは、ほぼ南に航海することになるが、『魏志倭人伝』では、對馬から壱岐は南となっているにもかかわらず、狗邪韓国から對馬へは、南とは記載されていない。

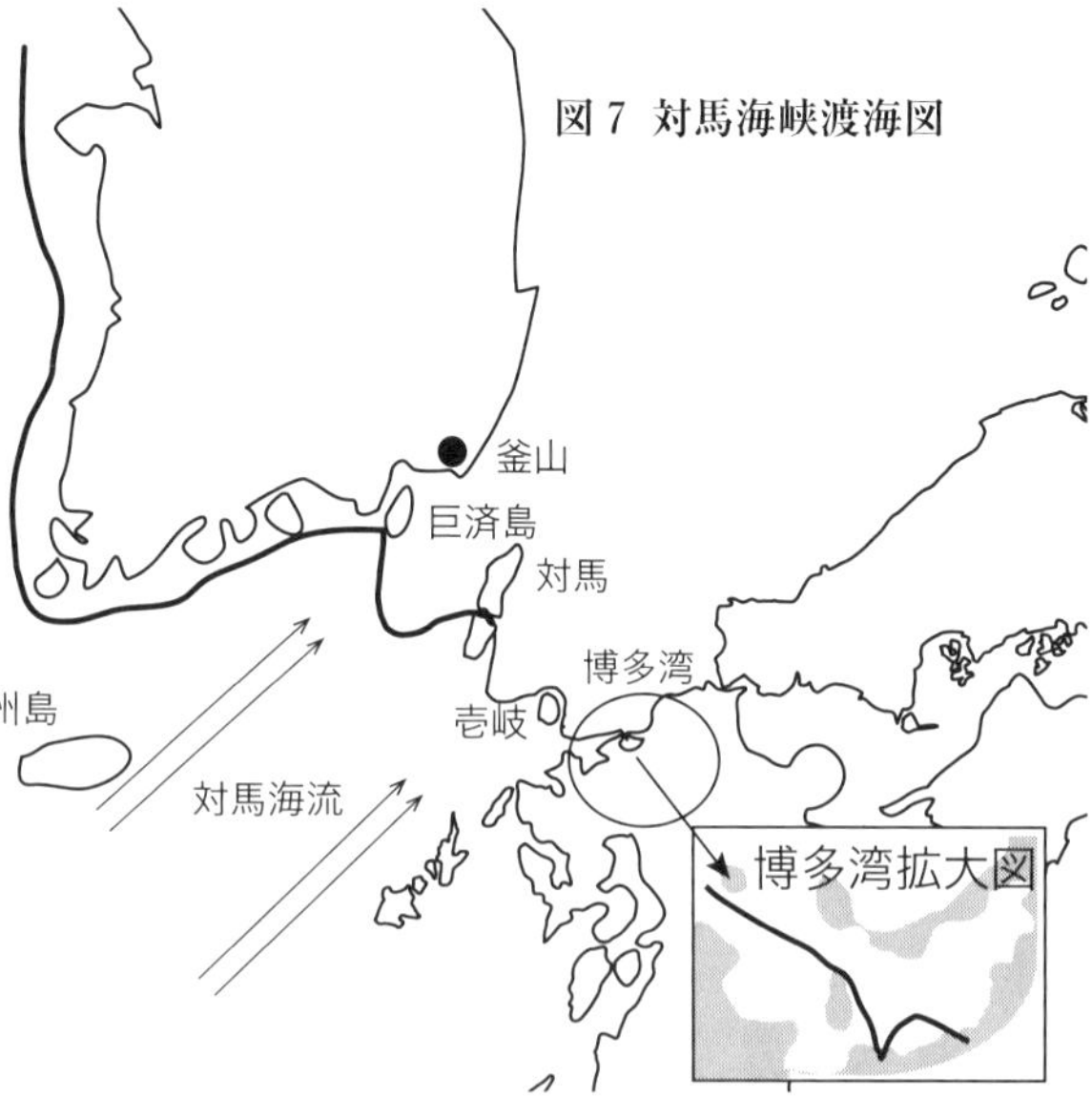


図 7　対馬海峡渡海図

第二の矛盾は、『魏志倭人伝』の記載内容との矛盾である。

『魏志倭人伝』には、〈従郡至倭循海岸水行歴韓国乍南乍東到其北岸狗邪韓国〉と記載されている。

その説明内容は、狗邪韓国は、倭国領であり、その北側には、海岸があるとなっている。狗邪韓国が、朝鮮半島内の釜山に存在するとすれば、その北方に海岸はあり得ない。北側に海岸があるとすれば、唯一考えられるのは、朝鮮半島南岸に存在する島々である。これらの島々は北側に、朝鮮半島に向かい合う海岸が必ず存在する。従って狗邪韓国は、朝鮮半島にある釜山には存在しえないのである。

これらの島々で、對馬に渡るに最適な島は、巨済島である。

陳寿は、「北岸」という言葉に、狗邪韓国は、朝鮮半島内に存在するのではなく、巨済島だよとの、謎をかけたのではなかろうか。巨済島から、對馬へは、ほぼ東南東に航海することになる。

以上より『魏志倭人伝』に記載の、次の文章は、〈従郡至倭循海岸水行歴韓国乍南乍東到其北岸狗邪韓国七千餘里〉

現在北朝鮮にある長淵市の南大東湾の海岸から南に出船し、朝鮮半島西岸及び南岸を巡り巨済島南部までの航海と解釈できる。

図6が帯方郡から狗邪韓国までの航海の概略推定ルートである。

表1　魏志倭人伝関連各地の緯度・経度一覧表

| | 緯　度 | 経　度 | 日影長（寸） | |
|---|---|---|---|---|
| 楽浪郡 | 39.03° | 125.76° | 22.32 | 平壌 |
| 帯方郡 | 38.14° | 124.88° | 20.99 | 黄海南道長山岬 |
| ソウル | 37.55° | 126.99° | 20.11 | |
| 釜山 | 35.12° | 129.05° | 16.54 | |
| 巨済島 | 34.71° | 128.62° | 15.94 | |
| 博多駅 | 33.59° | 130.42° | 14.32 | 不彌國 |
| 朝倉 | 33.37° | 130.74° | 14 | 伊都國 |
| 香椎宮 | 33.65° | 130.44° | 14.41 | |
| 生目遺跡 | 31.95° | 131.35° | 11.97 | 邪馬壹國 |
| 大隅半島佐多岬 | 31° | 130.66° | 10.62 | 狗奴國最南 |

## □帯方郡から狗邪韓国（巨済島）までの距離について

次に帯方郡から巨済島（狗邪韓国）のまでの直線距離七〇〇〇餘里を魏の時代と同様に「一寸千里法」で、検証してみよう。

帯方郡は大東湾とすると、巨済島と帯方郡の子午線距離は、表1に示したこれらの地点の日影長の差五・〇五で算出すると五〇五〇里となる。

（20・99－15・94）×1000＝5050里

次に帯方郡と巨済島の実際の方位は、北から時計回りで一三八・一三度（南から四一・八七度）であるが、ほぼ一三五度（東南）に近い方位である。

緯度、経度のデータから現代では三角関数で帯方郡から巨済島までの距離は、簡単に計算できるが、魏の時代は、日影長で得た子午線（南北）方向距離と計測で得た方位を使い作図でその距離を算出したと思われる。（図14参照一〇五頁）

魏の時代と同じ方法で帯方郡と巨済島間の直線距離と方位を計算してみる。

方位を北から時計回りの角度とし、日影長から算出した帯方郡から巨済島までの、子午線（南北）距離五〇五〇里を使用し両地の直線距離を計算すると、

帯方郡から巨済島までの実際の方位一三八・一三度の場合は、距離六七八二里となる。

＊帯方郡から巨済島までの方位一三五度（東南）の場合は、距離七一四二里となる。
このデータから判ることは、『魏志倭人伝』では、帯方郡から巨済島までの、方位は、前記＊印の東南（一三五度）と計測したと思われる。（誤差三・一三度）
実際は、次の様にして帯方郡、巨済島間の方位を計測したと思われる。
帯方郡と巨済島間にお互いに見通せる何ヵ所かのランドマークを定め、帯方郡、各ランドマーク、巨済島すべての地点の日影長を計測し、これら各地点間の子午線距離を日影長から計算する。
一方帯方郡、各ランドマーク、巨済島間の各方位を各地点で計測する。
計測された各地点の方位線を斜辺とし、東西南北を直角とした直角三角形を作図し（ただし三角形の南北長は、日影長の実測値を基に算出）、全てのランドマーク間の直角三角形を繋ぎ合わせると最終的に、帯方郡から巨済島の方位を作図で得ることができる。（図14と同じやり方）
従って帯方郡から巨済島までの距離は、両地点の日影長からの子午線距離五〇〇〇里～五〇五〇里と方位は、一三五度（東南）との計測結果から、七〇七一～七一四二里と計測し、倭人伝には、七〇〇〇餘里と表現したのであろう。

中国では、四捨五入は使われず、端数はすべて切り捨てて、切り捨てた部分は「餘」と表現したようである。

日影長の読み取り精度は、前述した通り影の半影も考慮すると、せいぜい一寸刻みが精いっぱいである。

日影長の差五・〇五は、五・〇～五・一の間としか読み取れない。

従って、子午線距離は、読み取り誤差を考慮すると、五〇〇〇～五〇五〇里のどこかとなる。

ちなみに、帯方郡から巨済島までの真実の直線距離は、表1の緯度、経度から計算すると五一一キロ（六六七六里）である。やはり七〇〇〇餘里に近い値である。

前頁で、日影長と正確な方位から算出した距離六七八二里は、真の距離六六七六里に対し一〇六里程の誤差があるのは、三〇頁で説明したように球状の地球と地球を平面とみなした蓋天説《がいてんせつ》との距離の誤差である。

従って帯方郡の場所も、仮定の通り、大東湾近辺で、對馬へ渡った場所も、巨済島であったろう、ことがこれで実証されたのではなかろうか。

ここまでで『魏志倭人伝』では、明らかに誤字と思われる個所が、二ヵ所ある。

×（對海）→〇（對馬）、

×（一大）↓○（一支）

「海」と「馬」及び「大」と「支」は、草書体では、非常に良く似ており、写し間違いと思われる。

## ■伊都国が最終目的地

ここで、倭国に向かった魏の使節の辿った道順から一旦横道に逸れて、魏の使節の最終目的地は、何処なのかについて、先に考えてみることにする。

倭人伝の次の二つの文をよくよく読むと、面白い事実が見えてくる。

〈到其北岸狗邪韓國〉

〈東南陸行五百里到伊都國〉

狗邪韓国と伊都国のみに「至」ではなく「到」の文字を使用していることが判る。

この二ヵ国以外の『魏志倭人伝』に記載された国々は、邪馬壹國も含めてすべて「至」の文字が使われている。つまり、『魏志倭人伝』では、「到」と「至」の二文字を使い分けている。

文字を変えるには、それなりに理由があるはずである。

「到」の文字は、決まった目的地に到着する、の意味がある。一方、「至」は、単にどこまで、の意味である。

『魏志倭人伝』編纂時、帯方郡から倭国へ向かった使節の報告書を参考にしたのであれば、先ず、魏の使節は、目的地の倭国領内に最初に到着した狗邪韓国で倭国の領内に到着した、の意味をこめて、「到」の文字を使用したと思われる。

次に伊都国で「到」の文字を使用しているということは、伊都国が、魏の使節の倭国内での最終目的地であることを示している。何故かと言うと、伊都国以外の国々には、卑彌呼のいる邪馬壹國の都でさえも「至」を使用し、「到」は使用していないのである。

つまり、魏の使節梯儁《ていしゅん》の最終目的地は、邪馬壹國の行政官である「大率」が政務を執っていた場所の伊都国であり、ここは別に存在した女王卑彌呼のいる邪馬壹國の王都ではなかった。（詳細は後述する）

従って、魏の使節梯儁は、卑彌呼のいた邪馬壹國の王都には、行っていないと思われる。

『魏志倭人伝』では、伊都国に関しては、〈丗有王皆統屬女王國郡使往来常所駐〉とあり、帯方郡の役人が、倭国に来た折、必ず駐在する所と記載している。

そして、伊都国には、邪馬壹國連合二五ヵ国（後ほど詳しく説明する）を検察する一人の大率（大帥）が、常駐しており、諸国もこの大率を恐れ憚っていたと記載している。

〈女王國以北特置一大率検察諸國畏憚之常治伊都國〉

また、伊都国には税を納める高床の大倉庫があり、これを税務官の大倭に監督させたとも記されている。

〈収租賦有邸閣国国有市交易有無使大倭監之〉

倭人伝によると、この大率が、邪馬壹國連合を統率していたとあり、同盟国からの税金もここ伊都国で徴収していたと記載されている。

卑彌呼は、邪馬壹國連合の統治を大率に任せて、彼女自身は、女王として伊都国とは別の所に都を定め、そこに住んでいたと思われる。

邪馬壹國連合の女王は、卑彌呼であるが、その連合国の行政府は、卑彌呼の住む王都とは別の伊都国にあったのである。

伊都国は、邪馬壹國にとってそのような重要行政拠点であったようである。従って、魏の使節の倭国での最終目的地は、この邪馬壹國の行政府のある伊都国であったのである。

一方、『魏志倭人伝』には、（邪馬壹國女王之所都水行十日陸行一月）とあり、邪馬壹國の卑彌呼の都する所は、はるか南に位置しており、しかも日数距離でしか表現されていない。

つまり魏の使節梯儁は卑彌呼の住む都には行っていないのである。

## ■巨済島から末盧国まで

さて、巨済島までたどり着いた魏の使節の旅の道順に戻ろう。『魏志倭人伝』に記載されている内容を確認する。

〈始度一海千餘里至對海國其大官曰卑狗副曰卑奴母離所居絶島方可四百餘里〉
〈又南渡一海千餘里名曰瀚海至一大國官亦曰卑狗副曰卑奴母離方可三百里〉
〈又渡一海千餘里至末盧國〉

一、巨済島から對馬まで、對馬から壱岐まで、壱岐島から末盧《まつら》までの各航海は、すべて等距離で一〇〇〇餘里と記載されている。（図7参照）

二、對馬は、方四〇〇餘里、壱岐は、方三〇〇里と記載されている。

三、對馬から壱岐までのみ方位が南と記載されている。巨済島から對馬、壱岐から末盧には、方位の記載はない。

両航海とも、西に行くことはないので、図7の通り、南と表現しようがないほど、東向きに航海したのであろう。

海を「わたる」の動詞に對馬では、「度」を使用し、對馬と壱岐間、壱岐と末盧では「渡」を使用している。何故「度」と「渡」を使い分けたかは、残念ながらよく判らない。

推測するに、「度」の漢字には、「わたる」以外に「ものさし、はかる」の意味も含んでいるので、巨済島、對馬間だけは、きちんと距離を計測し對馬と壱岐間、壱岐と末盧間は、巨済島と對馬間とほぼ同じ距離（三区間とも等距離の一〇〇〇里となっている）と目測のみで報告したことを表しているのかもしれない。確信はない。

次に、各島間の航海距離について解析してみよう。

□巨済島から對馬まで
巨済島から對馬までは、對馬浅茅湾を目指すならほぼ東南東に航海することになる。

この海峡を渡るには、図7の通り親潮を横切らねばならず、巨済島から南に船を出し海流に流されながら、對馬浅茅湾に向かうことになる。

巨済島から對馬までの倭人伝上の航海距離は、方四〇〇餘里を考慮すると、一〇〇〇餘里＋（二×四〇〇）餘里＝一八〇〇餘里となる。—A

巨済島南部から對馬浅茅湾までの実際の航海距離も、約八七キロ（一〇〇〇餘里）である。方四〇〇餘里は、南島を指すようであるが、南島を半周するには、実際の距離は、東西一八キロ、南北二七キロの長方形を移動することになり、これを方に換算すると、方四〇〇里ではなく、方三〇〇餘里となる。

従って巨済島から對馬までの実際の移動距離は、上記一八〇〇餘里とは異なり、一〇〇〇餘里＋（二×三〇〇）餘里＝一六〇〇餘里となる。

ここで、『魏志倭人伝』の謎が、また出てきた。

何故実際の航海距離とは異なる航海距離を陳寿は、ここで使ったのか？

短距離なので計測を誤ったとは、とても考えられない。意図的にこうしたとしか思えない。

しかも、次に説明する、壱岐でも全く同様の手法で距離を加算している。

これは、明らかに意図的にこうしたと思われる。公羊学の「微言」である。

これら二島は、朝鮮半島と九州間に存在する孤島で、位置の誤解のしようのない場所に両島とも存在するので、ある意図で全体の距離の調節をこの二つの島で行ったと思われる。

その距離調節の意図は、後述の伊都国のところで詳しく説明する。

□對馬から壱岐まで

對馬から見て壱岐は、ほぼ南南西に位置している。従って「魏志倭人伝」では南に航海するとなっているのであろう。倭人伝記載の對馬、壱岐間の移動距離は、上記對馬と同様に、方三〇〇里を考慮すると、

一〇〇〇餘里＋（二×三〇〇）餘里＝一六〇〇餘里となる。—B

對馬から壱岐までの実際の航海距離は、約六〇キロ（八〇〇餘里）である。倭人伝では一〇〇〇餘里となっている。

壱岐に関しても島を半周するには、一六キロ×一六キロの正方形を移動することになる。従って、実際の方は、方一六キロ＝方二〇〇里となる。

上記對馬南島と同様に、実際の移動距離は、方三〇〇里の三〇〇×二＝六〇〇餘里ではなく、方二〇〇里の二〇〇×二＝四〇〇里である。

對馬、壱岐間の実際の移動距離は、

一〇〇〇餘里＋（二×二〇〇）里＝一四〇〇餘里となる。

以上より對馬と壱岐間で移動距離を両島で合計四〇〇餘里実際の移動距離より加算している。

この移動距離を加算した理由の解説は、後ほど詳しく説明する。

なお、對馬南島は、方四〇〇餘里、一方壱岐は、方三〇〇里となっており、同じように島を巡ったのに、「餘里」と「里」を使い分けている。

明らかに長方形である對馬の南島とほぼ正方形の壱岐を区別するために、長方形を「餘里」、正方形を「里」と使い分けたのではなかろうか。

## □壱岐から末盧まで

次に壱岐から末盧国《まつらこく》までについて検証してみよう。この間での大きな問題は、末盧国がどこにあったのかということである。

これまでは、末盧国は、現在の唐津にあったというのが通説である。はたして、それは正しいのか検証してみよう。

末盧国を唐津として道順をたどると、次のような矛盾がある。

⦿壱岐から唐津までは、六〇〇里そこそこで、倭人伝記載の一〇〇〇餘里には、程遠い距離であり、航海距離があまりにも短か過ぎる。いくら目測でも一〇〇〇里とは、違い過ぎる。

⦿末盧国から東南に五〇〇里で伊都国、さらに東南一〇〇里で奴国と倭人伝には記載されているが、末盧国が唐津であると、東南にその距離をたどると背振山地西方山麓をほぼ直線に沿って筑紫平野へ、移動可能ではあるが、そうすると伊都国も奴国も現在の有明海の海岸近くにあったことになり、卑彌呼の時代には両国とも有明海の中となる。

（図8参照）

従って、末盧国が唐津では、次に行く伊都国の場所、距離、方位にあまりにも不盾がありすぎる。では末盧国は一体どこに存在したのか。いくつかのヒントが倭人伝にはある。

第一のヒントは、考えられる末盧国の存在場所は、壱岐から西に行くことはあり得ないので、東方向に約一〇〇〇里航海し到着する場所ということになる。

その有力な場所は、博多湾ということになる。

第二のヒントは、「戸」と「家」の使い分けについてである。

図8 北九州海岸図

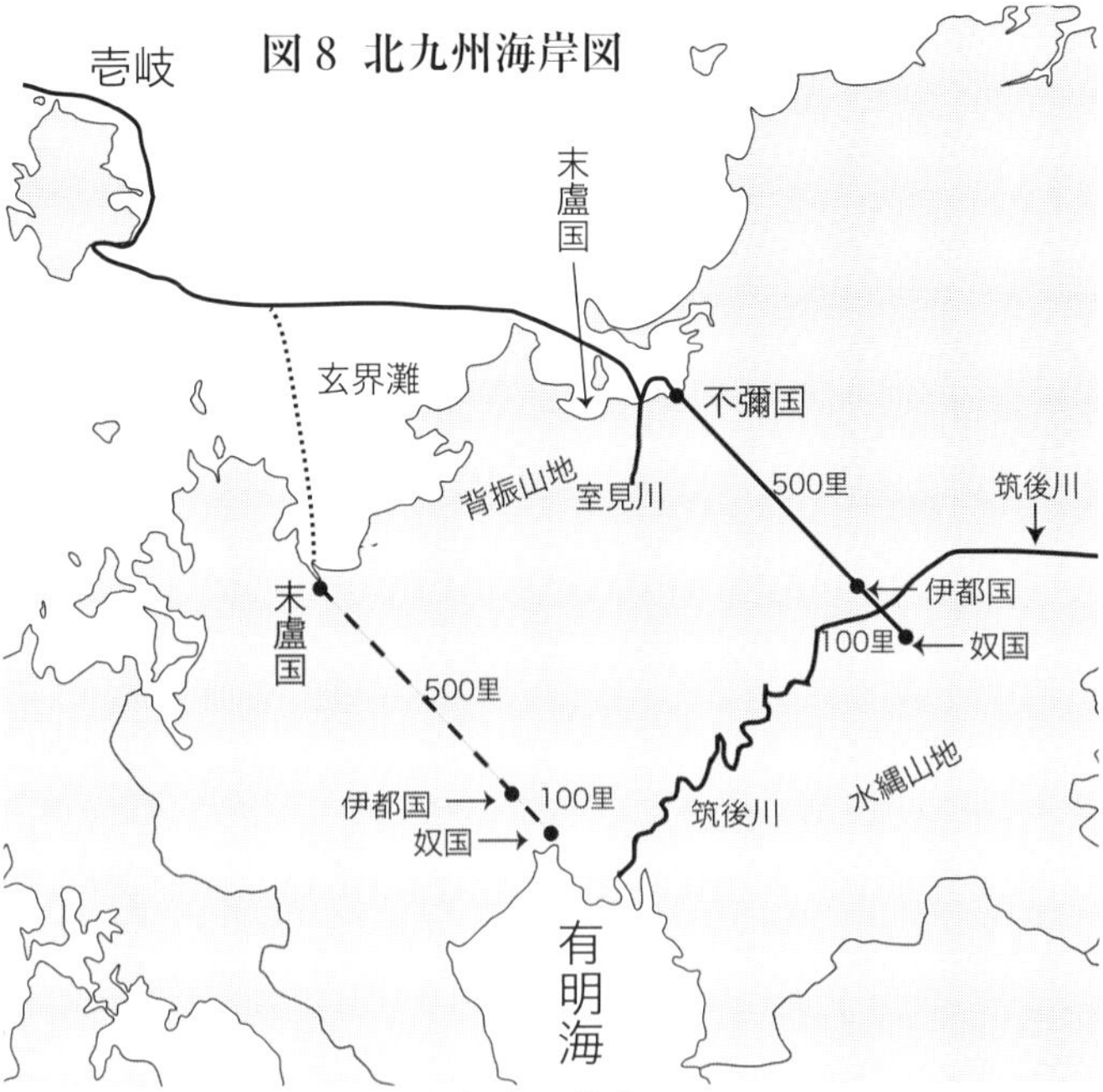


——上陸地 博多湾の場合のルート
………上陸地 唐津の場合のルート

『魏志倭人伝』には、具体的に戸数が記載されている国が八ヵ国あり六ヵ国は「戸」と記載されているが壱岐国《いきのくに》と不彌国《ふみこく》のみ、何故か、「戸」ではなく「家」とわざわざ文字を変えて表現している。

しかも、壱岐国では許家となっており、不彌国では餘家となっている。

ここで、またまた公羊学の影が見えてきた。前に注目した中国史家が用いる独特の「微言大義」、「一字褒貶」の文章術が使われていると思われる。

陳寿は、「戸」の代わりに「家」の文字を使い、壱岐国と不彌国は、特別な関係ですよと、示唆していると思われる。何故そんな面倒なことをしたのか。

第三のヒントは、狗邪韓国《くやかんこく》と末盧国《まつら》の倭人伝での説明の特殊性である。

倭人伝では、帯方郡から使節が通過した理数で距離が表示された国々の中で、狗邪韓国と末盧国のみがその国の官職の名が記載されていない。狗邪韓国にいたっては、住民の戸数の記載もない。他の国々は、詳細にその国の官職名および戸数が説明されている。

末盧国、狗邪韓国は、後に述べる邪馬壹國連合に属さない国であったと思われる。

従って、官職などの詳しい説明がないのではなかろうか。

更に、末盧国が邪馬壹國連合内の一国で、九州の玄関港で上陸地点と仮定すれば、奇妙なことがある。

九州の上陸港は、前に説明した邪馬壹國の大率が、伊都国からわざわざ赴き、使節が運んだ、文書、贈り物を上陸時に検査する場所と倭人伝には記載してある。そんな重要な港がある末盧国の詳しい記述が、何故ないのか。

つまり末盧国は、邪馬壹國連合ではなく、九州の上陸港でもなかったことを陳寿は、暗に示唆していると思われる。邪馬壹國連合国ではない狗邪韓国と末盧国では、魏の使節は、単にそれらの国の港を通過したのみで、上陸は、していないのではなかろうか。

では一体どこに上陸したのであろうか。

第四のヒントは、伊都国の前後の国々の説明文の語順の違いである。

倭人伝には、不彌《ふみ》国に関し、〈東行至不彌国百里〉と記載されている。

この伊都国前後の国々の説明文と不彌国の説明文には、いくつかの謎がある。

第一の謎は、伊都国の前の国の説明文と後の国の説明文で語順が違っている。

伊都国に到着までの語順「方位―動詞―距離―目的地」が伊都国到着以降は、その語順が変わり「方位―目的地―距離」となっている。

しかし伊都国以降では、不彌国のみは、その語順に動詞が加わり、「方位―動詞―目的地―距離」となっているが不彌国以外の奴国、投馬国、邪馬壹國は、すべて「方位―目的地―距離」の語順に従っている。

伊都国までの語順では、動詞のすぐ後に距離があり、従って、ここで記載された距離は、実際に動詞の内容で行動した距離を表すと思われる。

伊都国以後は、目的地の後の文の最後に距離がある語順となっている。

従って伊都国以降は、奴国及び不彌国に記載された距離一〇〇里は、単なる目的地からの直線距離を表すことになる。

ということは、倭人伝記載の〈東行至不彌国一〇〇里〉は、「東方向直線距離で一〇〇里の地点にある不彌国に行った」の意味となる。

ちなみに、投馬国と邪馬壹國は、目的地の後に動詞付き日数距離が記載されている。この動詞は、単に記載された動詞の内容で移動した日数距離を表す。つまり、距離用の動詞であって魏の使節の行動をこの動詞が表している訳ではない。

ということは、奴国、投馬国、邪馬壹國とも伊都国以降の語順「方位―目的地―距離」に合っていることになる。

つまり不彌国のみ、動詞があるため、伊都国以降の説明文の語順に合っていないのである。

第二の謎は、文中の動詞の存在の有無である。

伊都国以前の国々への道程の説明には、「度」、「渡」、「陸行」等の動詞が必ずある。この動詞の意味は、魏の使節の具体的行動を示している。

ところが、伊都国以降は、奴国、投馬国、邪馬壹國とも文の始めの部分に動詞がない。

# 鳥影社出版案内

2020

イラスト／奥村かよこ

choeisha
文藝・学術出版 鳥影社
〒160-0023 東京都新宿区西新宿 3-5-12 トーカン新宿 7F
TEL 03-5948-6470 FAX 03-5948-6471（東京営業所）
〒392-0012 長野県諏訪市四賀 229-1（本社・編集室）
TEL 0266-53-2903 FAX 0266-58-6771 郵便振替 00190-6-88230
ホームページ www.choeisha.com メール order@choeisha.com

＊新刊・話題作

## 出来事
吉村萬壱

季刊文科62〜77号連載「転落」の単行本化
芥川賞作家・吉村萬壱が放つ、不穏なるホンモノとニセモノの世界。
1700円

## 香害（化学物質汚染）から身を守る
古庄弘枝（二刷出来）

「香り」は日本中を席巻し、よかれと思ってつけるその香りが、隣人を苦しめ、大気を汚染している。「香害」です。
500円

## 「血液型と性格」の新事実
AIと30万人のデータが出した驚きの結論
金澤正由樹

スポーツ、政治、カルチャー、恋愛など、様々なシーンのデータを分析。血液型と性格の真新しい事実が、徐々に明らかに！
1500円

## 漱石と熊楠 同時代を生きた二人の巨人
三田村信行（二刷出来）（東京新聞他で紹介）

いま二人の巨人の生涯を辿る。同年生まれイギリス体験、猫との深い因縁。並列して見えてくる〈風景〉とは。
1800円

## 五島列島沖合に海没処分された潜水艦24艦の全貌
浦環（二刷出来）

実物から受けるオーラは、記念碑から受けるオーラとは違う。実物を見よう！ 海底に眠る旧日本海軍の潜水艦の全貌。
2800円

## 反面教師として読んだ『文章読本』
原不二夫

日本語を書くすべての人々に贈る「文章読本」の決定版。文章を書く者すべてにとって、これは必須の一冊となるだろう。
2800円

## 地蔵千年、花百年
柴田翔（読売新聞・サンデー毎日で紹介）

芥川賞受賞『されど われらが日々──』から約半世紀。約30年ぶりの新作長編小説。戦後からの時空と永遠を描く。
1800円

## 詩に映るゲーテの生涯
柴田翔

小説を書きつつ、半世紀を越えてゲーテを読みつづけてきた著者が描く、彼の詩の魅惑と謎。その生涯の豊かさ。
1500円

## 入門フォーカシング
阿世賀浩一郎
身体と心のモヤモヤに効く技法、フォーカシングの絶好の入門書！
600円

## スマホ汚染 新型複合汚染の真実
古庄弘枝
放射線（スマホの電波）、神経を狂わすネオニコチノイド系農薬、遺伝子組換食品等から身を守る。
1600円

## 老兵は死なず マッカーサーの生涯
林義勝他訳
生まれから大統領選挑戦にいたる知られざる全貌の決定版・1200頁。
5800円

## 愛知ふるさと素描
河村アキラ
『名古屋ふるさと素描』に、新たに40枚を追加。愛知県内各地に残されたニッポンの消えゆく庶民の原風景を描く。1800円

## 純文学宣言
## 季刊文科25〜81
（61より各1500円）
〈編集委員〉青木健、伊藤氏貴、勝又浩、佐藤洋二郎、富岡幸一郎、中沢けい、松本徹、津村節子
【文学の本質を次世代に伝え、かつ純文学の孤塁を守りつつ、文学の復権を目指す文芸誌】

## 新訳金瓶梅（全三巻予定）

田中智行訳（朝日・中日新聞他で紹介）

三国志などと並び四大奇書の一つとされる金瓶梅。そのイメージを刷新する翻訳に挑んだ意欲作。詳細な訳註も。　3500円

## アルザスワイン街道　―お気に入りの蔵をめぐる旅―

森本育子（2刷）

アルザスを知らないなんて！　フランスの魅力はなんといっても豊かな地方のバリエーションにつきる。　1800円

## 小鬼の市とその他の詩　クリスティナ・ロセッティ詩集

滝口智子訳

表題作他、生と死の喜びと痛みをうたう19世紀英国詩人のみずみずしい第一詩集、完訳。　2200円

## ふわふわさんとチクチクさんのポケット心理学　心豊かに生きるための40のレシピ

小林雅美

ポケットに入るぐらい気楽な心理学誕生。人生を切り開く「交流分析」を40のレシピとしてわかりやすく解説。　1600円

## シングルトン

エリック・クライネンバーグ／白川貴子訳

一人で暮らす「シングルトン」が世界中で急上昇。このセンセーショナルな現実を検証する欧米有力誌で絶賛された衝撃の書。　1800円

## 低線量放射線の脅威

J・グールド、B・ゴールドマン／今井清一・今井良一訳

低線量放射線と心疾患、ガン、感染症による死亡率がどのようにかかわるのかを膨大なデータをもとに明らかにする。　1900円

## ドリーム・マシーン　悪名高きV-22オスプレイの知られざる歴史

リチャード・ウィッテル／影本賢治　訳

これを読まずにV-22オスプレイは語れない！陸上自衛隊に配備されたオスプレイの知っておくべき歴史的事実。　3200円

## フランス・イタリア紀行

トバイアス・スモレット／根岸　彰　訳

十八世紀欧州社会と当時のグランドツアーの実態を描き、米国旅行誌が史上最良の旅行書の一冊に選定。発刊から250年、待望の完訳。　2800円

## ヨーゼフ・ロート小説集

平田達治　佐藤康彦　訳

第一巻　優等生、バルバラ、立身出世
　　　　サヴォイホテル、曇った鏡　他
第二巻　ヨブ・ある平凡な男のロマン
　　　　タラバス・この世の客
第三巻　殺人者の告白、偽りの分銅・計量検査官の物語、美の勝利
第四巻　皇帝廟、千二夜物語、レヴィアタン（珊瑚商人譚）
別　巻　ラデツキー行進曲（2600円）
四六判・上製／平均480頁　3700円

カフカ、ベンヤミン、ムージルから現代作家にいたるまで大きな影響をあたえる。

## ローベルト・ヴァルザー作品集

新本史斉　若林恵　F・ヒンターエーダー＝エムデ　訳

1　タンナー兄弟姉妹
2　助手
3　長編小説と散文集
4　散文小品集Ⅰ
5　盗賊／散文小品集Ⅱ

四六判、上製／各巻2600円

*歴史

**一五〇年前のIT革命** 岩倉使節団のニューメディア体験
松田裕之

「一身にして二生」を体験する現代人必読の一冊。AI時代を生き抜くヒントがここにある! 1550円

**岡谷製糸王国記** 信州の寒村に起きた奇跡
市川一雄

富岡ではなく岡谷がなぜ繁栄? 諏訪式機械と諏訪式経営、「工女ファースト」の実像、片倉四兄弟の栄光。1600円

**桃山の美濃古陶** 古田織部の美
西村克也/久野治

古田織部の指導で誕生した美濃古陶の未発表の伝世作品の逸品約90点をカラーで紹介。桃山茶陶歴史年表、茶人列伝も収録。3600円

**頼朝が幾何で造った都市・鎌倉**
平井隆一

鶴岡八幡宮 鎌倉大仏の謎が解けた! 工学博士の歴史家が7年の歳月をかけて描いた本格的な歴史書! 1500円

**新渡戸稲造 人格論と社会観**
谷口稔

多岐にわたる活動を続けた彼の人格論をベースに農業思想・植民思想・教育思を論じ、思想の解明と人物像に迫る。2200円

**幕末の長州藩** 西洋兵学と近代化
郡司健

海防・藩経営及び会計的側面を活写。西洋の産業革命に対し伝統技術で立向った長州藩の歴史。2200円

**天皇家の卑弥呼**
深田浩市（三刷）誰も気づかなかった三世紀の日本

倭国大乱は皇位継承戦争だった!! 日本書紀や魏志倭人伝、伝承、科学調査等から卑弥呼擁立の真の理由が明らかになる。1500円

**西行 わが心の行方**
松本徹（毎日新聞書評で紹介）

季刊文科で「物語のトポス西行随歩」として十五回にわたり連載された西行ゆかりの地を巡り論じた評論的随筆作品。1600円

**浦賀与力中島三郎助伝** 木村紀八郎
幕末という岐路に先見と至誠をもって生き抜いた最後の武士の初の本格評伝。2200円

**軍艦奉行木村摂津守伝** 木村紀八郎
若くして名利を求めず隠居、福沢諭吉が終生敬愛したというサムライの生涯。2200円

**南の悪魔フェリッペ二世** 伊東章
スペインの世紀といわれる百年が世界のすべてを変えた。黄金世紀の虚実1 1900円

**不滅の帝王カルロス五世** 伊東章
世界のグローバル化に警鐘。平和を望んだ偉大な帝王が続けた戦争。黄金世紀の虚実2 1900円

**フランク人の事蹟** 第一回十字軍年代記
丑田弘忍訳 第一次十字軍に実際に参加した三人の年代記作家による異なる視点の記録。2800円

**大村益次郎伝** 木村紀八郎
長州征討、戊辰戦争で長州軍を率いて幕府軍を撃破した天才軍略家の生涯を描く。2200円

**新版 日蓮の思想と生涯** 須田晴夫
日蓮が生きた時代状況と、思想の展開を総合的に考察。日蓮仏法の案内書! 3500円

**古事記新解釈** 南九州方言で読み解く神代
飯野武夫/飯野布志夫 編 『古事記』上巻は南九州の方言で読み解ける。4800円

## 夏目漱石『猫』から『明暗』まで

平岡敏夫（週刊読書人他で紹介）

漱石文学は時代とのたたかいの所産であるゆえに、作品には微かな〈哀傷〉が漂う。新たな漱石を描き出す論集。　2800円

## 赤彦とアララギ
―中原静子と太田喜志子をめぐって

福田はるか（読売新聞書評）

悩み苦しみながら伴走した妻不二子、畏敬と思慕で生き通した中原静子、門に入らず自力で成長した太田喜志子。　2800円

## 風嫌い

田畑暁生

なぜ、姉は風が嫌いなの？　ちょっとこわくて、どこかおかしい、驚きあり笑いあり涙ありの、バラエティに富んだ傑作短篇小説集。　1400円

## ピエールとリュス

ロマン・ロラン／三木原浩史 訳

1918年パリ。ドイツ軍の空爆の下でめぐりあった二人。ロラン作品のなかでも、今なお、愛され続ける名作の新訳と解説。　1600円

## 中上健次論（全三巻）

（第一巻 死者の声から、声なき死者へ）（第二巻 父の名の否〈ノン〉、あるいは資本の到来）（第三巻 幻想の村から）

戦死者の声が支配する戦後民主主義を描く大江健三郎に対し声なき死者と格闘し自己の世界を確立していった初期作品を読む。　各3200円

## 焼け跡の青空

高畠 寛

大阪大空襲の焼跡で育った少年たちの物語。焼跡の上に広がる広大な青空、それは違った見方をすれば希望でもあった。　1500円

## 昭和キッズ物語

藤あきら

宝物だったあのころ……昭和の時代に子供だったすべての者たちへ。さぁ、愛おしい人たちに会いに行こう。　1800円

## 小説木戸孝允 上・下
―愛と憂国の生涯―

中尾實信（2刷）

西郷、大久保が躊躇した文明開化と封建制打破を成就し、四民平等の近代国家を目指した木戸孝允の生涯を描く大作。　3500円

## 「へうげもの」で話題の
## 〝古田織部三部作〟

久野 治（NHK、BS11など歴史番組に出演）

新訂 古田織部の世界　2800円

千利休から古田織部へ　2200円

改訂 古田織部とその周辺　2800円

## ドイツ詩を読む愉しみ　森泉朋子編訳

ゲーテからブレヒトまで　時代を経てなお輝き続ける珠玉の五〇編とエッセイ。　1600円

## ドイツ文化を担った女性たち

その活躍の軌跡　ゲルマニスティネンの会編

（光末紀子、奈倉洋子、宮本絢子）　2800円

## 芸術に関する幻想　W・H・ヴァッケンローダー

毛利真実 訳　デューラーに対する敬虔、ラファエロ、ミケランジェロ、そして音楽。　1500円

＊ドイツ語圏関係他

## ニーベルンゲンの歌
岡崎忠弘 訳（週刊読書人で紹介）

『ファウスト』とともにドイツ文学の双璧をなす英雄叙事詩を綿密な翻訳により待望の完全新訳。詳細な訳註と解説付。 5800円

## ペーター・フーヘルの世界 ―その人生と作品
斉藤寿雄（週刊読書人で紹介）

旧東ドイツの代表的詩人の困難に満ちたその生涯を紹介し、作品解釈をつけ、主要な詩の翻訳をまとめた画期的書。 2800円

## ヘーゲルのイエナ時代 理論編
松村健吾

概略的解釈に流されることなくあくまでもテキストを一文字ずつ辿りヘーゲル哲学の発酵と誕生を描く。 4800円

## 生きられた言葉 ―ラインホルト・シュナイダーの生涯と作品―
下村喜八

シュヴァイツァーと共に20世紀の良心と称えられた、その生涯と思想をはじめて本格的に紹介する。 2500円

## ヘルダーのビルドゥング思想
濱田 真

ドイツ語のビルドゥングは「教養」「教育」という訳語を超えた奥行きを持つ。これを手がかりに思想の核心に迫る。 3600円

## ゲーテ『悲劇ファウスト』を読みなおす
新妻 篤

ゲーテが約六〇年をかけて完成。すべて原文に即して内部から理解しようと研究してきた著者が明かすファウスト論。 2800円

## 二〇一八 改訂 黄金の星（ツァラトゥストラ）はこう語った
ニーチェ／小山修一 訳

詩人ニーチェの真意、健やかな喜びを伝える画期的全訳。ニーチェの真意に最も近い渾身の全訳。 2800円

## 『ドイツ伝説集』のコスモロジー
植 朗子

ドイツ民俗学の基底であり民間伝承蒐集の先がけとなったグリム兄弟『ドイツ伝説集』の内面的実像を明らかにする。 1800円

**ハンブルク演劇論** G・E・レッシング 南大路振一 訳
アリストテレス以降の欧州演劇の本質を探る代表作。6800円

**ギュンター・グラスの世界** 依岡隆児
つねに実験的方法に挑み、政治と社会から関心を失わなかったノーベル賞作家を正面から論ずる。2800円

**グリムにおける魔女とユダヤ人** ―メルヒェン・伝説・神話―

奈倉洋子
グリムのメルヒェン集と伝説集を中心にその変化の実態と意味を探る。1500円

**フリードリヒ・シラー美学＝倫理学用語辞典 序説**
ヴェルンリ／馬上 徳 訳 難解なシラーの基本的用語を網羅し体系化をはかり明快な解釈をほどこし全思想を概観。2400円

**新ロビンソン物語** カンペ／田尻三千夫 訳
18世紀後半、教育の世紀に生まれた「ロビンソン・クルーソー」を上回るベストセラー。2400円

**東方ユダヤ人の歴史** ハウマン／平田達治・荒島浩雅 訳
その実態と成立の歴史的背景をこれほど見事に解き明かしている本はこれまでになかった。2600円

**ポーランド旅行** デーブリーン／岸本雅之 訳
長年にわたる他国の支配を脱し独立国家の夢を果たしたポーランドのありのままの姿を探る。2400円

**東ドイツ文学小史** W・エメリヒ／津村正樹 監訳
神話化から歴史へ。一つの国家の終焉はその文学の終りを意味しない。6900円

## モリエール傑作戯曲選集2
柴田耕太郎訳（ドン・ジュアン、才女気どり、嫌々ながら医者にされ、人間嫌い）

現代の読者に分かりやすく、また上演用の台本としても考え抜かれた、画期的新訳の完成。　2800円

## イタリア映画史入門 1950～2003
J・P・ブルネッタ／川本英明訳（読売新聞書評）

映画の誕生からヴィスコンティ、フェリーニ等の巨匠、それ以降の動向まで世界映画史をふまえた決定版。　5800円

## オットー・クレンペラー　中島 仁
最晩年の芸術と魂の解放
―1967～69年の音楽活動の検証を通じて―

20世紀の大指揮者クレンペラーの最晩年の姿を通して人間における音楽のもつ意味を浮かびあがらせる好著。　2150円

## ある投票立会人の一日
イタロ・カルヴィーノ／柘植由紀美訳

奇想天外な物語を魔法のごとく生み出した作家の、二十世紀イタリア戦後社会を背景にした知られざる先駆的小説。　1800円

## 魂の詩人 パゾリーニ
ニコ・ナルディーニ／川本英明訳（朝日新聞書評）

常にセンセーショナルとゴシップを巻きおこした異端の天才の生涯と、詩人としての素顔に迫る決定版！　1900円

## フェデリコ・フェリーニ
川本英明

イタリア文学者がフェリーニの生い立ち、青春時代、監督デビューまでの足跡、各作品の思想的背景など、巨匠のすべてを追う。　1800円

## つげ義春を読め
清水 正（読売新聞書評で紹介）

つげマンガ完全読本！　五〇編の謎をコマごとに解き明かす鮮烈批評。読売新聞書評で紹介。　4700円

## 雪が降るまえに
A・タルコフスキー／坂庭淳史訳（二刷出来）

詩人アルセニーの言葉の延長線上に拡がっていた世界こそ、息子アンドレイの映像作品の原風景そのものだった。　1900円

## 宮崎駿の時代 1941～2008　久美 薫
宮崎アニメの物語構造と主題分析、マンガ史からアニメ技術史まで宮崎駿論一千枚。　1600円

## ヴィスコンティ　若菜 薫
「郵便配達は二度ベルを鳴らす」から「イノセント」まで巨匠の映像美学に迫る。　2200円

## ヴィスコンティII　若菜 薫
高貴なる錯乱のイマージュ。「ベリッシマ」「白夜」「前金」「熊座の淡き星影」　2200円

## アンゲロプロスの瞳　若菜 薫
『旅芸人の記録』の巨匠への壮麗なるオマージュ。（二刷出来）　2800円

## ジャン・ルノワールの誘惑　若菜 薫
多彩多様な映像表現とその官能的で豊饒な映像世界を踏破する。　2200円

## 聖タルコフスキー　若菜 薫
「映像の詩人」アンドレイ・タルコフスキー。その全容に迫る。　2000円

## 銀座並木座 日本映画とともに歩んだ四十五年
嵩元友子　ようこそ並木座へ、ちいさな映画館をめぐるとっておきの物語　1800円

## フィルムノワールの時代　新井達夫
人の心の闇を描いた娯楽映画の数々暗い情熱に衝き動かされる人間のドラマ。　2200円

＊実用・ビジネス

**AutoCAD LT 標準教科書** 2017／2018／2019 2020対応（オールカラー） 中森隆道

25年にわたる企業講習と職業訓練校での実績に基づく決定版。初心者から実務者まで無料動画による学習対応の524頁。3000円

**自律神経を整える食事** 胃腸にやさしいディフェンシブフード 松原秀樹

40年悩まされたアレルギーが治った！重度の冷え・だるさも消失した！ディフェンシブフードとは？ 1500円

伸び悩んでいる人のための**『学びの奥義』** ー教え方のコツ・学び方のコツー 有田朋夫

勉強、スポーツ、将棋etc、もっと上手にもっと成績をあげたい人へ、なるほどと手を打つヒントがいっぱい！ 1400円

**心に触れるホームページをつくる** 秋山典丈

従来のHP作成・SEO本とは一線を画しコンテンツの書き方に焦点を当てる。商品企画や販売促進にも。1600円

〝できる人〟がやっている**〝質の高い〟仕事の進め方** 秘訣はトリプルスリー 糸藤正士

質の高い仕事の進め方にはできる人がやっている共通の秘訣、3つの視点、3つの深度、3つの方向がある。1600円

**草木名の語源** 江副水城

草名200種、木名150種、修飾名を含め合計1000種以上収録。古典を読み解き新説を披露。3800円

**現代アラビア語辞典** ——アラビア語日本語 田中博一／スバイハット レイス 監修

本邦初1000頁を超える本格的かつ、実用的アラビア語日本語辞典。見出し語1万語以上で例文・熟語多数。10000円

**現代日本語アラビア語辞典** 田中博一／スバイハット レイス 監修

見出し語約1万語、例文1万2千以上収録。日本人のみならず、アラビア人の使用にも配慮し、初級者から上級者まで対応のB5判。8000円

***AutoLISP with Dialog*** 中森隆道
AutoCAD LT 2013 対応 即効性を明快に証明した本格的解説書。3400円

**開運虎の巻** 街頭易占の独り言 天童春樹
三十余年六万人の鑑定実績。あなたと身内の運命と開運法をお話します 1500円

**成果主義人事制度をつくる** 松本順市
30日でつくれる人事制度だから、業績向上が実現できる。（第11刷出来） 1600円

**腹話術入門**（第4刷出来） 花丘奈果
発声方法、台本づくり、手軽な人形作りまで一人で楽しく習得。台本も満載。1800円

**南京玉すだれ入門**（2刷）花丘奈果
いつでも、どこでも、誰にでも、見て楽しく演じて楽しい元祖・大道芸を解説。1600円

新訂版 **交流分析エゴグラムの読み方と行動処方** 植木清直／佐藤寛 編
交流分析の読み方をやさしく解説。1500円

**楽しく子育て44の急所** 川上由美
これだけは伝えておきたいこと、感じたこと、考えたこと。基本的なコツ！ 1200円

**初心者のための蒸気タービン** 山岡勝己
原理から応用、保守点検、今後へのヒントなどベテランにも役立つ。技術者必携。2800円

郵便はがき

料金受取人払

諏訪支店承認

1

差出有効期間
令和 3年10月
20日まで有効

392-8790

〔受取人〕

長野県諏訪市四賀229-1

鳥影社編集室

愛読者係 行

| | |
|---|---|
| ご住所 〒□□□-□□□□ | |
| （フリガナ）<br>お名前 | |
| お電話番号 （ ） - | |
| ご職業・勤務先・学校名 | |
| eメールアドレス | |
| お買い上げになった書店名 | |

# 鳥影社愛読者カード

このカードは出版の参考にさせていただきますので、皆様のご意見・ご感想をお聞かせください。

| 書名 | |
|---|---|

① 本書を何でお知りになりましたか？

i．書店で
ii．広告で（　　　　　　）
iii．書評で（　　　　　　）
iv．人にすすめられて
v．DMで
vi．その他（　　　　　　）

② 本書・著者へご意見・感想などお聞かせ下さい。

③ 最近読んで、よかったと思う本を教えてください。

④ 現在、どんな作家に興味をおもちですか？

⑤ 現在、ご購読されている新聞・雑誌名

⑥ 今後、どのような本をお読みになりたいですか？

◇購入申込書◇

書名　　　　¥　　　　（　　）部

書名　　　　¥　　　　（　　）部

書名　　　　¥　　　　（　　）部

ということは、使節は、これらの国々へは行動していない。

つまり行っていないということを示している。

しかし、不彌国のみ文の始めの部分に「行」の動詞があるので、この国へ使節は、行ったということをはっきり記載している。また、不彌国に使われている動詞が、単に「行」であり「陸行」「水行」のどちらでもいいように記載されている。

以上の二つの謎、疑問点をよくよく比較してみると、不彌国のみ文章のルールを逸脱しており、不彌国を除くすべての国々の説明が、上記の（語順と動詞の有無）のルールに従って説明されていることが判る。

つまり不彌国は、伊都国の後に記載されているので語順のルールには、合っているように見えるが、「行」の動詞が文の始めの部分にあることより、この動詞の有無のルールでは、伊都国より前に記載されるべきともいえる。

ここで上記で指摘した壱岐と不彌国には、「戸」に代わって「家」が使われていることが意味を成してくる。

壱岐国では、「餘」を「許」という字に変えている。「許」という字は、「餘」と同様「約」の意味があると同時に「元」いう意味も含んでいる。

つまり、壱岐国の「許家」が元の出発港で次の不彌国の「餘家」が到着港という意味をこれらの文字に、暗示したのではなかろうか。(家から家へ繋がるとの意味)

従って壱岐国の次に九州に上陸した国は不彌国《ふみこく》であることを、この「家」という文字と「行」の動詞は、示していると思われる。ということは、不彌国は、本来、伊都国の前に記載されるべき、なのである。

では、何故に陳寿は、不彌国の説明場所を倭人伝記載の通り、伊都国の後、投馬国の前に変更したのであろうか。当然、必要にかられた意味があったはずである。

陳寿としては、魏の使節が伊都国に到着するまでは、「方位―動詞―距離―目的地」の語順をきちんと守り、最終目的地の伊都国の場所を読者に明確に説明したかったからではと思う。

不彌国の説明場所を正規の場所の伊都国の前に持ってくると、不彌国と伊都国の説明文の間に投馬国と邪馬壹國の説明文を入れることになり、「方位―動詞―距離―目的地」の語順が守れなくなり伊都国の場所が曖昧になってしまうことを陳寿は、懸念したと思う。

(この理由は、この後すぐに解説する)

最終目的地が伊都国とすると、伊都国以降は、当然伊都国からの方位、距離で各国の位置を説明していると解釈すべきである。俗に言う伊都国からの放射説である。

しかし不彌国に、「行」の動詞がある以上、不彌国へは、魏の使節は、前述した通り、訪れたと思われる。従って、不彌国以降の投馬国、邪馬壹國は、不彌国からの方位、距離を記載したと解釈すべきであろう。

ここで陳寿が不彌国の説明文を本来の場所伊都国の前から、投馬国の前に移した意味は、投馬国と邪馬壹國の女王の都の場所は、不彌国からの方位、距離を示しており、伊都国からではありませんと、暗に示唆するためではなかろうか。

つまり「許家」、「餘家」と「行」の文字で暗示したように不彌国の説明場所を伊都国の前、末盧国の後に移動して読む折、投馬国、邪馬壹國の説明文も不彌国と一緒に移動せよと陳寿は、示唆しているのである。

不彌国の説明を、伊都国の前に移すと〈東行至不彌國百里〉は、〈東行百里至不彌國〉の語順となるべきで語順の違いが出てくるが、百里は短く（約八キロ）しかも海岸線での距離で、直線距離でも、海岸に沿った実際の移動距離でも、見渡せる距離なので、誤解のしようがなく問題とはならないと陳寿は、考えたのではなかろうか。

そこで不彌国の説明場所を伊都国の前から後ろに移した折、ルールに従って、語順を真実の語順の〈東行百里至不彌國〉から〈東行至不彌國百里〉に変えたのである。

しかし、魏の使節は、実際に不彌国には行っているので、「行」の動詞は外すわけにはいかずそのまま文中に残した。実際、魏の使節は、不彌国を経由して伊都国に行っている。

この語順の変更は、読者が誤解するように意図的に行ったとも思われる。

『魏志倭人伝』中の魏の使節の道順を表面上と、裏に隠された真の道順にまとめると次のようになる。


……魏の使節の移動なし。

――魏の使節の移動軌跡。


『魏志倭人伝』に実際に記載されている壱岐以降の道順

●壱岐国――末盧国―伊都国……奴国――不彌国……投馬国……邪馬壹國

『魏志倭人伝』中に隠された壱岐以降の真実の道順

●壱岐国――末盧国――不彌国―┬伊都国……奴国
　　　　　　　　　　　　　　├……投馬国
　　　　　　　　　　　　　　└……邪馬壹國

以上より陳寿の伝えたかった真実を読み解くと、壱岐国から九州に上陸した場所は、上記第一〜第四のヒントの解析より不彌《ふみ》国ということになり、不彌国は、末盧《まつら》国より東に一〇〇里に位置し、末盧国より舟でも、陸を歩いてでも行ける場所に位置していた。

となると、末盧国と不彌国の位置関係は、東西に延びる海岸線上にあることになり、しかも、末盧国は、壱岐から一〇〇〇里の距離となると、その場所は、博多湾の海岸以外は、ありえない。つまり、不彌国および末盧国は、博多湾の海岸線に東西に並んで位置していたということになる。

次に向かう伊都国は、上陸地点の不彌国より歩いて東南に五〇〇里であることから、以後は筑紫平野に向かうこととなる。

ということは、上陸地点の不彌国は、筑紫平野に直線で向かって行ける現在の博多駅周辺の海岸線にあったとするのが最有力ということになる。

この場所は、近くに香椎宮《かしいぐう》もあり、その後の大和政権まで数百年間朝鮮半島に渡る渡航の起点であった。このことも博多駅周辺が不彌国である有力な証拠の一つである。

従って末盧国の都は、博多駅から一〇〇里西の博多湾に流れ出る室見川付近に位置したと思われる。

壱岐からこの室見川河口までの実際の航海距離は、約七五キロ（一〇〇〇餘里）である。この室見川と現在の博多駅の中間のどこかを国境として、その国境の西が末盧国であったのではなかろうか。

魏の使者は壱岐から博多湾に航海し、末盧国に立ち寄り、そこでは上陸せず、さらに東方にある邪馬壹國の大率の待つ不彌国の港に向かい、そこで上陸したと推測される。

つまり末盧――不彌国間を使節は、一〇〇里水行したのである。（図9参照）

実際は、海岸線なので歩いても、舟でも行けるので、「陸行」「水行」のどちらの文字も使用せず、この間は、倭人伝では、単に「行」としたわけである。

「行」の動詞を単独で記載している個所は、この不彌国に関する説明個所のみである。

末盧国に上陸せず不彌国に上陸したのは、積み荷の検査は、大率の待つ不彌国で行われるからである。

以上より、壱岐国から不彌国は、末盧国経由で一一〇〇餘里の航海となる。

ここで、帯方郡から九州上陸地の不彌国までの理数距離を確認してみよう。

・帯方郡↓狗邪韓国　七〇〇〇餘里

・狗邪韓国↓對馬国　一八〇〇餘里―前記A（P54）

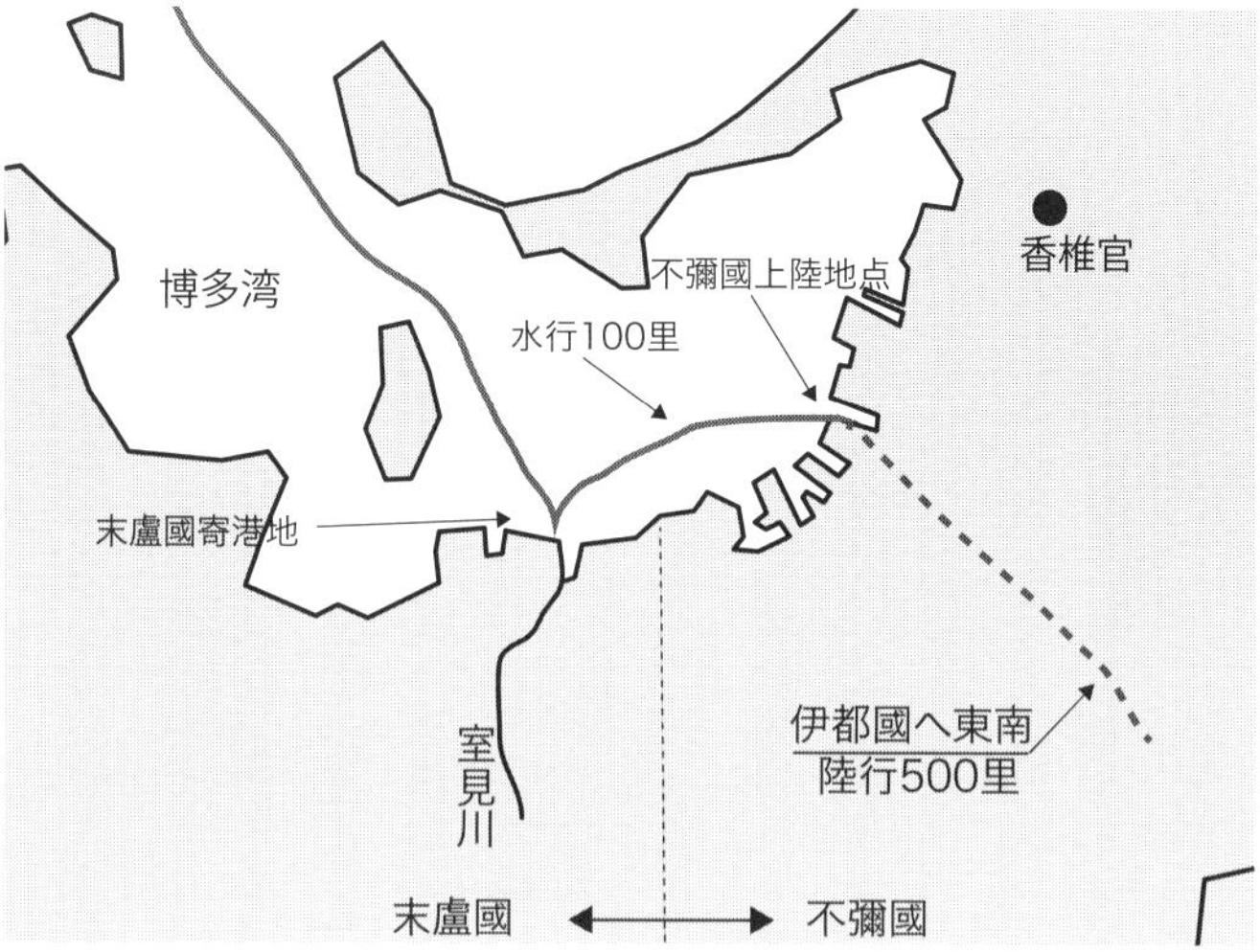


図９ 博多湾詳細図

・對馬国↓壱岐国　一六〇〇餘里―前記Ｂ（Ｐ56）
・壱岐国↓末盧国経由不彌国　一一〇〇餘里
　合計　　一一五〇〇餘里―Ｃ（全て船旅）

## □不彌国から伊都国まで

伊都国の場所を特定してみよう。

『魏志倭人伝』に〈東南陸行五百里到伊都国〉とあり、九州の上陸地点から東南方向に陸上を五〇〇里移動し伊都国に到着すると記載されている。

上陸地点が博多駅近辺の不彌《ふみ》国とすると、不彌国から伊都国は、東南方向にあり、その移動距離は、歩いて五〇〇里（約三八キロ）である。そこは、現在の朝倉市付近となる。

（九州自動車道朝倉インターチェンジ付近）

ここで、對馬、壱岐の所で、加算した四〇〇里の距離が意味をなしてくる訳である。

帯方郡から不彌国までの前記距離Cに伊都国までの距離を加えると

一万一五〇〇餘里（C）＋五〇〇里＝一万二〇〇〇餘里となる。――D

つまり帯方郡から伊都国まで魏の使節の道順をたどると、その総移動距離は、上記Dの一二〇〇〇餘里となる。（実際の移動距離は、約四〇〇里少ない一一六〇〇餘里である。）

ただし以前にも説明した通り帯方郡から巨済島までの七〇〇〇餘里は直線距離である。

陳寿は、この四〇〇餘里を對馬と壱岐で加算し、帯方郡から伊都国までの距離を無理やり一二〇〇〇餘里に調整している。何故、このような面倒なことをしたのであろうか。

一二〇〇〇餘里に何か意味がありそうである。

『魏志倭人伝』では、〈自郡至女王國萬二千餘里〉となっており、女王の住む邪馬壹國の都までは、帯方郡から直線距離で一二〇〇〇餘里と記載されている。

以前に議論し決まった帯方郡の場所、黄海南道の長山岬から一二〇〇〇里半径で円を描くとその場所は、九州では、85～86頁の図10、11に示す通り宮崎市から現在の鹿児島県南部一帯となる。

つまり、帯方郡から邪馬壹國行政府の首都のある伊都国までは、延べの移動距離（一部帯方郡―狗邪韓国間は直線距離）で一二〇〇〇餘里であり、一方卑彌呼の住む都（南九州）までは、帯方郡から直線距離で一二〇〇〇餘里と言っているのである。

この二つの距離の中身は違うが、表面上は同じ一二〇〇〇餘里を使用し読者を混乱させている。

陳寿は、わざわざ、読者が混乱するように、こんな面倒な細工（対馬・壱岐で四百里加算）をしたとしか思えない。

邪馬壹國が連合王国の総称（各地は、個々の国名が別にある）であり、しかも都が行政府である伊都国と女王の住む南九州の都に分かれているという、複雑な倭国の事情を利用し、陳寿は、このような込み入った細工をしたと思われる。後程説明するが、南九州にあった卑彌呼の住む都は、奴国にあった。

史書としての『三国志』が、他国に渡ったとしても、容易に真実が漏れないようにこのような面倒な細工をしたのであろう。

確かに当事国の日本でもこの史書が世に出てから約一八〇〇年後のいまだに真実が解明されず議論百出であることは、ご承知の通りである。

陳寿の施したこの細工は、それだけ念の入った見事なものであった。

伊都国のあった場所は、上記の通り倭人伝では、不彌国から東南方向に歩いて五〇〇里の地点と記載されているので、前述した様に現在の朝倉市の九州自動車道朝倉ＩＣから筑後川の沿岸付近となる。近くには平塚川添遺跡等があり、この付近に伊都国があったと思われる。

吉野ヶ里遺跡よりさらに大きい三世紀の都市遺跡が朝倉周辺に埋没しているはずである。

博多駅から朝倉までは、東南方向に太宰府を経由して、ほぼ直線的に歩いて行ける。

三世紀でもほぼ同様であったであろう。

つまり、伊都国は、連合国の行政府にふさわしい場所である筑紫平野の北部の中心に位置し、

しかも西北の玄界灘にも、南の有明海にも出やすい、交通の要所に存在したと思われる。（図8参照）

前にも述べたが現在の学説では、伊都国は糸島半島にあった、となっているがそれは間違いと思われる。三世紀の卑彌呼の時代より後の世に末盧国が衰亡、後退し伊都国が朝倉から朝鮮半島に近い糸島半島に進出した可能性の方が大きい。

## ■伊都国から奴国まで

次に奴国の場所を特定してみよう。

倭人伝には、〈東南至奴國百里〉となっており伊都国より東南直線距離一〇〇里の地点が奴国と記載されている。その場所は朝倉から筑後川を越えて向かいの地、現在の水縄山地山麓筑後吉井の南、辺りではなかろうか。（図8参照）

奴国に関しては、「行」の動詞がないことから魏の使節は、実際に奴国を訪問してないと思われる。

伊都国より百里（百餘里ではなく）と正確に距離が記載されていることより魏の使節が滞

在している伊都国から奴国の都は、遠望でき距離を正確に計測できたのであろう。

奴国については、後ほど更に詳しく検討する。

奴国は、その領域が、筑紫平野南部の三縄《みのう》山地山麓一帯から現在の大分県の一部、宮崎県全域まで、含む広大な国であったようである。従って、上記した伊都国から東南、〇〇里にあったのは、奴国《なこく》の都であろう。

### □倭人伝の距離の表現方法の違いについて

倭人伝では、伊都国までとそれ以降では距離、方位、目的地の表現方法に違いがあると前にも述べたが、再度この件を確認してみる。

（イ）、伊都国までの語順《方位—動詞—距離—目的地》

この語順の表現では、次の通り、必ず何処から何処まで行ったか判る表現が使われている。

また、動詞「渡」、「行」の後に距離があることより、実際に行動した距離が判る。

狗邪韓国—對馬　〈始度一海千餘里至對海國〉

對馬―壱岐

「始」で狗邪韓から對馬に渡ることが判る。

〈又南渡一海千餘里名曰瀚海至一大國〉

「又」で對馬から壱岐に渡ることが判る。

壱岐―末盧

〈又渡一海千餘里至末盧國〉

「又」で壱岐から文章上は、末盧に渡ることが判る。

末盧―伊都国

〈東南陸行五百里到伊都國〉

文章上は、末盧国から伊都国に徒歩で行ったとなる。

**(ロ)、伊都国以降の語順《方位―目的地―距離》**

倭人伝では、次の記述がある。

倭人伝での各国の記載順序通りに各国の説明文を並べてみる。

〈東南至奴國百里〉、〈東行至不彌國百里〉、〈南至投馬國水行二十日〉、〈南至邪馬壹國女王之所都水行十日陸行一月〉

いずれの記述も出発点がはっきりしない。これもまた、倭人伝の解釈に色んな議論を呼んでいる原因である。もし、語順の通りで移動を表現しているとすると、奴国は、その前の伊都国からの距離一〇〇里となるが、次の不彌国は、使節が行ってもいない奴国から不彌国に行ったことになり矛盾が生じる。従って伊都国以降は、出発点がはっきりしないのである。

投馬国と邪馬壹國も同じ理屈で、投馬国は、不彌国からの距離となるが、邪馬壹國は、使節が行ったこともない投馬国からの距離となり矛盾がある。従って、語順通り距離を加算するのは、間違っていると思われる。

投馬国と邪馬壹國への起点は、両国とも魏の使節が実際に行った不彌国からの起点とするのが自然であろう。不彌国からの放射説である。

また、不彌国以外の奴国、投馬国、邪馬壹國は、動詞がなく、実際に、使節が行動したことになっていない。

投馬国、邪馬壹國の日数距離は、動詞がついているのでその動詞の内容の移動日数距離を表しているのである。

この動詞は、日数距離用であり、魏の使節の実際の行動を表現している訳ではない。

不彌国については、陳寿は、壱岐と不彌国のみ、「戸」を「家」という文字に変えて壱岐と不彌国の繋がりを示唆したことは前に述べ通りである。

つまり常識的には、上陸地点は、末盧国と思われるが、実は不彌国と示唆しており、従って末盧国から東一〇〇里の所に不彌国があるのですよと陳寿は言っている。

しかし不彌国の記載場所を本来の末盧国の後から、倭人伝記載の通り奴国の後に変更したことにより、前述した様に投馬国と邪馬壹國の女王の都までの日数距離の起点は、伊都国ではなく、不彌国ですよ、と陳寿は、示唆している。

前述した通り、魏の使節の最終目的地である伊都国到着以前に、不明瞭な日数距離の国の説明文を入れたくなかったので、こんな面倒な方法を取ったのではなかろうか。

投馬国と邪馬壹國の女王の都へは、伊都国までの道程の途上の上陸地点である不彌国より伊都国への道とは別に分かれて、南方への旅の日数表示で距離を記載してあることになる。

両国への旅の出発時は、両国とも不彌国からの船旅（水行）なので、このような記載方法を陳寿はとったと思われる。しかし、投馬国と邪馬壹國の女王の都は、遠すぎて、魏の使節は行かれなかったと思われるので、この二ヵ国までの距離は、倭人から聴取した日数距離を記載したのであろう。自身で旅行したなら理数の距離を記載するはずである。

ただし、魏より倭に派遣された使節は、西暦二四〇年の梯儁《ていしゅん》と二四八年の張政の二回のみであるが、一回目の梯儁は、間違いなく邪馬壹國の都には行っていないと思われるが、二回目の張政は、邪馬壹國の都に行き、卑彌呼の墓を視察している可能性が大きい。

（後ほど説明するが、倭人伝には、卑彌呼の墓の詳しい記述がある。）

張政の倭国渡航目的は、邪馬壹國と狗奴《くな》国の紛争調停であり、従って、実際に自分の足で行った邪馬壹國の都までの、移動の詳しい理数距離は、計測できなかったのではなかろうか。

倭人伝には、張政は、邪馬壹國と狗奴国の紛争調停ばかでなく卑彌呼が亡くなった後の邪馬壹國内の紛争時および、その後の壹與《いよ》が女王になるまで邪馬壹國に滞在していたと記載されている。女王壹與には、張政自ら教育的指導もしたようである。

しかし梯儁は、伊都国までしか行かず、何故卑彌呼に会いもしないで帰国できたのか。

魏の明帝から卑彌呼に送られた金印、銅鏡一〇〇枚、その他の数々の賜り物は、梱包が全て封泥《ふうでい》で封印されていた。

梯儁は、本来これらの封印された明帝からの賜り物を直接卑彌呼に手渡し、彼女の見ている前で封印を解く必要がある。そのためには、梯儁は、卑彌呼に必ず会う必要があった。

このことが彼の使節としての最大の任務であったはずである。その彼は、なぜ卑彌呼にも会わずに帰国できたのか。

この謎を解く鍵は、次に示す倭人伝に異常なほど詳しく説明されている卑彌呼の生活状況の解説にある。

〈名曰卑彌呼事鬼道能惑衆年已長大無夫壻有男弟佐治国自爲王以来少有見者以婢千人自侍唯有男子一人給飲食傳辭出入居處宮室樓觀城柵嚴設常有人持兵守衛〉

卑彌呼は、鬼道により国を治め、人々を心服させており、倭国でも彼女に面会した人は、極めて少ない。一人の男子のみが彼女の食事の世話をしていた。また、卑彌呼には、弟がおり彼がまつりごとの補佐をしていた。彼女の宮殿は、一〇〇〇人の侍女がおり、砦で固められ、兵により厳重に警護されていたと倭人伝は伝えている。

以上のような、当時の卑彌呼の生活状況を異常なほど詳しく説明することで、倭人でさえもめったに会えない卑彌呼に、魏の使節の梯儁といえども直接会えなかったことを『魏志倭人伝』は、読者に間接的に伝えようとしているのではなかろうか。

梯儁は、まつりごとの補佐役の卑彌呼の弟に、伊都国で会見し、明帝からの卑彌呼への賜り物を、そこで、卑彌呼の代理人の彼に渡したと思われる。

邪馬壹國外の人が、卑彌呼と直接接触する唯一の方法が、伊都国で彼女の弟と会うこと以外になかったと倭人伝は、伝えたかったのではなかろうか。

では何故張政は、女王の都（邪馬壹國の都）まで行ったのであろうか。

張政が倭国に到着した時は、すでに卑彌呼は亡くなっており、彼女に代わって男子の王が邪馬壹國を治めていた。女王と違って面会謝絶ではないその男子の王とは、たぶん卑彌呼の政治の補佐役であった彼女の弟の可能性大である。梯儁もかつて伊都国に於いて会い、魏の皇帝から卑彌呼への贈り物を手渡したことのあるその男子の王に会うため、張政は、邪馬壹國の都まで急遽行ったのではなかろうか。

但しその男子の王は、邪馬壹國をまとめられず短期間で失脚し、張政が邪馬壹國滞在中に卑彌呼の宗女の壹與（十三歳）が代わって女王となったと倭人伝は、伝えている。

## ■不彌国から投馬国と邪馬壹國の都まで

さて最後に不彌国から投馬国と邪馬壹國の都までの道程を辿ってみよう。

そのためには、投馬国と邪馬壹國の都の場所を特定しなくてはならない。

『魏志倭人伝』からそのヒントを探してみよう。『魏志倭人伝』には、次の様に記載されている。

〈自女王國以北其戸数道里可得略……次有奴國此女王境界所盡〉

〈其南有狗奴國男子爲王其官有狗古智卑狗不屬女王自郡至女王國萬二千餘里〉

この文章の意味するところは、『魏志倭人伝』に記載された狗邪韓国から投馬国までの国々及び詳細説明を省いた二十ヵ国は、〈女王国以北〉が示す通り、すべて女王国の北にあるということである。言い換えると、これらの国々は、女王国（邪馬壹國）より南にはないということになる。

次に注目すべきは、奴国は、この文章以前に説明済みにもかかわらず再度、前記文中の最後に登場することである。この登場は、重複の間違いではなく、意味があるのである。

その意味するところは、女王国の最南の国が奴国であると説明するために、この場所にあえて再度奴国の説明をいれたと思われる。つまり奴国は、女王国（邪馬壹國）の最南の地にあったのである。

また女王国より南に狗奴《くな》国があるとも記載されている。しかもこの狗奴国は、女王国に属さずとなっている。つまり狗奴国は、邪馬壹國連合に属さない国なのである。

倭人伝でここまでに説明されている国々は、邪馬壹國を含めて二九ヵ国なので、狗奴国は、最後の三〇番目に登場した国ということになる。

つまり、倭人伝の冒頭の文章〈今使訳所通三十国〉の、倭国内にある魏と通じる三十ヵ国すべてが、ここまでで、倭人伝に登場したということになる。

ということは狗奴国のみが、女王国より南にある倭国内の唯一の国ということである。奴国は女王国の最南の国であるから、狗奴国は奴国《なこく》と国境を接した南隣の国ということになる。

ここで、これまでの経過を整理してみよう。

一、投馬国は、女王国より南にはなく、不彌国からは南にあり、そこから水行二十日である。
二、狗奴国は、倭国内で女王国より南にある唯一の国である。つまり倭国三十ヶ国の中で最南の国である。
三、邪馬壹國は、女王が都とする所がある国である。ということは、邪馬壹國は、女王国である。
四、邪馬壹國の都の方位と距離は、不彌国からは、南にあり、そこから水行十日、陸行三十日である。
五、奴国は、女王国（邪馬壹國）内では、最南の国である。
六、女王国（邪馬壹國）の都は、帯方郡より直線距離で一二〇〇〇餘里の所にある。
七、狗奴国は、邪馬壹國連合外の国である。

八、伊都国は、邪馬壹國連合の國である。

□邪馬壹國の都の所在地

帯方郡から半径約一二〇〇〇里の距離の円内に入る九州の地方は、86頁の図11に示す通り宮崎市から鹿児島県南部一帯となることは前に説明した。一方、前述の通り、女王国の南に狗奴国が、唯一存在することより、現在の鹿児島県全域が狗奴国であったと想像される。何故なら、この帯方郡より一二〇〇〇里の半径に入る、鹿児島県南部が、邪馬壹國とすると、それより南にある狗奴国は、海の上にあることになってしまう。

一方、女王国（邪馬壹國でもある）を宮崎市近辺とすると、それより、南にある鹿児島県は、狗奴国となり、倭人伝の記載にぴったりと合うのである。

つまり宮崎市付近に邪馬壹國の女王卑彌呼が住んでいたということになる。

□投馬国の所在場所

投馬国は、不彌国より南に位置し、五萬餘戸の人口を有し、しかも上記の〈自女王国以北〉の通り邪馬壹國より南ではない場所に位値すると、倭人伝には、記載されている。

となると投馬国の最も有力な所在地は、五萬戸の人口を支えられる大きな平野をもった中部九州の西方に、位置する現在の熊本県ということになる。

現在の九州でも人口は、東海岸の大分、宮崎両県で二三三万人に対し、西海岸の熊本、長崎両県で三二四万人と中部九州では、西海岸が圧倒的に人口は多い。三世紀当時、投馬国は、五万戸であり奴国の二万戸に対し圧倒的に人口が多かった。従って中部九州の東部と西部の人口構成比は、西武が東部より圧倒的に多いという事実は、三世紀も現代もそんなに大きく変わらないとすると、人口の多い投馬国は、九州の西海岸の熊本県にあったようである。

従って、奴国は、中部九州の東海岸（大分、宮崎県）にあったことになる。

では本題に戻って、投馬国、邪馬壹國の都までの道筋を辿ってみよう。投馬国、邪馬壹國とも、その都までの距離は、不彌国からの水行、陸行の日数表示である。

水行、陸行それぞれ分けて当時の旅を考えてみよう。

前述した通り、投馬国、邪馬壹國とも出発地は不彌国である。両国ともその不彌国から先ず船出し、南に向かうことになる。そのルートは、九州の西海岸と東海岸の二通りある。しかし、邪馬壹國へは、投馬国の半分の船旅の後一ヵ月の陸上の旅があるので船旅が両国とも同じ方向に重なることは、あり得ない。前述した通り熊本県にあった投馬国への船旅は、九

図10 帯方郡から邪馬壹國への直線距離

州西海岸を行くことになる。
従って、邪馬壹國への船旅は、九州の東海岸を南下したことになる。

図11 南九州拡大図
12000里（帯方郡から）
宮崎

□投馬国への（水行）について

次の第三章で詳しく説明するが、投馬国は邪馬壹國連合外の国であった。所在地は、現在の長崎、熊本県である。

投馬国に行くには、邪馬壹國連合の国々を通過せずに、博多湾の不彌国から（博多駅近くから）熊本市まで舟で移動することになり、その距離は、九州の西海岸に沿って現在の長崎県を経由して南下すると、約三三〇キロ（約四三〇〇里）となる。（図12参照）

倭人伝によると、この間を二十日で移動したことになる。悪天候等を考慮し二十日の八〇パーセントが有効航海日数とすると、約三三〇キロ（四三〇〇餘里）÷十六日＝約二十一キロ（二七〇里）／日の航海速度となる。

手漕ぎ主体の当時の倭舟での航海としてこの速度は、妥当な航海速度ではなかろうか。

□邪馬壹國への（水行）について

次に、邪馬壹國の卑彌呼の都までは、最初は十日の舟旅なので、投馬国（熊本）までの二十日の船旅の半分の約一六五キロ（二二〇〇餘里）の舟旅となる。

邪馬壹國に行くには、同様に不彌国を基点とすると、西に船出した投馬国とは逆に、東に

図12 不彌國から投馬國、邪馬壹國への道順

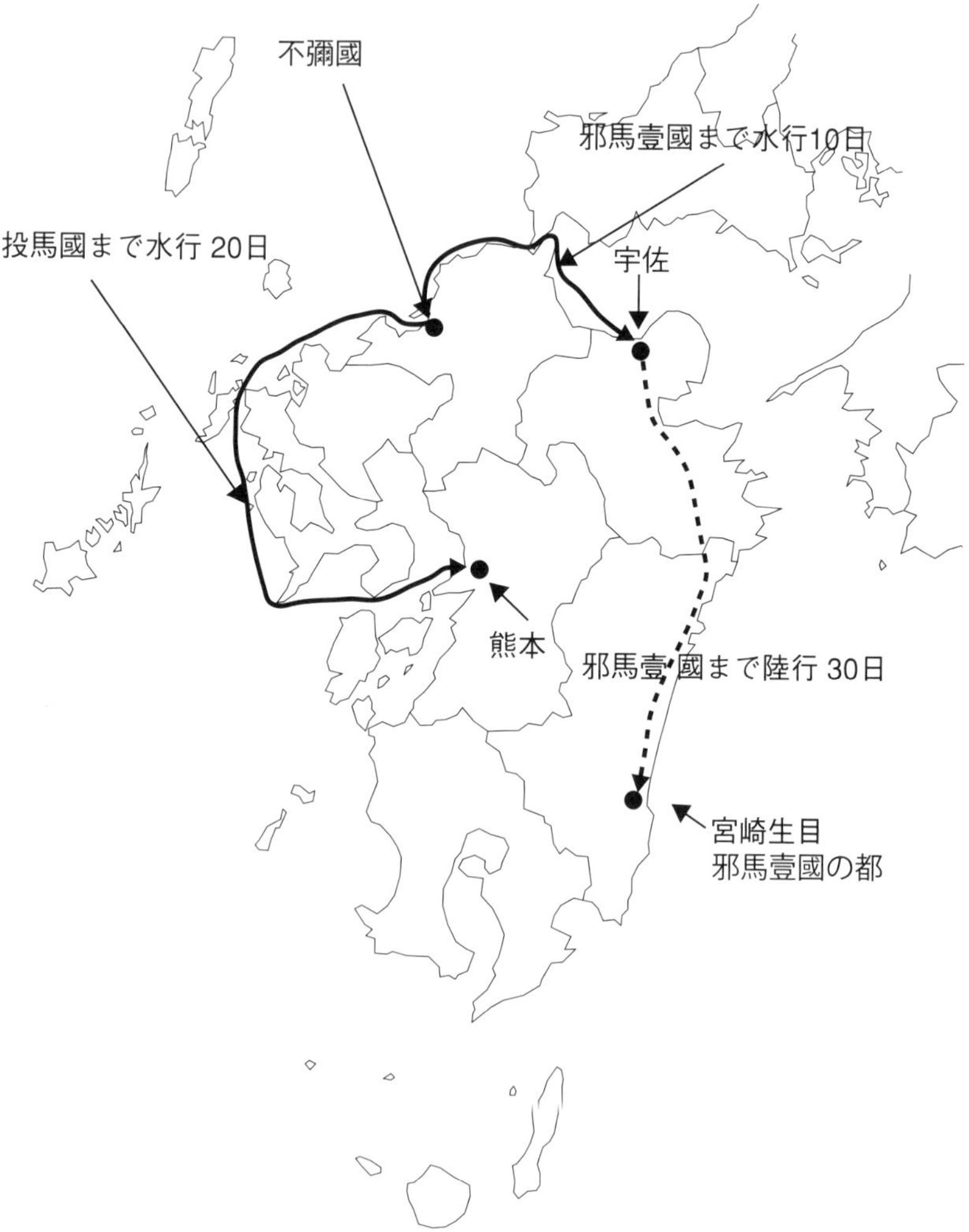

船出し約一六五キロの船旅となる。従って関門海峡を抜けて九州の東海岸を南下し、現在の宇佐付近に、上陸したと思われる。（図12参照）

## □女王の居る、邪馬壹國の都までの陸行について

上陸地点の宇佐から卑彌呼の在所の宮崎市まで約二六〇キロ（約三四〇〇里）の陸上移動距離となる。この間を倭人伝によると三十日かけて移動したことになる。

三世紀当時の倭国は『魏志倭人伝』によると、末盧国の説明文中に〈草木茂盛行不見前↓草木が盛んに茂り、歩く時、前の人が草木に隠れて、見えない〉とあるほど、倭国の道路は、未発達であった。

しかも一般人は、ほとんど裸足であったと倭人伝には、記載されている。（草鞋を裸足に近いと観察したのかもしれない）

話は少し横道に逸れるが、魏の使節は、積み荷の検査の必要ない帰国時、来た時とは違って、不彌国からではなく、末盧国から船出したかもしれない。そうでないと往路は陸路を歩いていないのであるから末盧国に関する上記のような陸路の詳しい観察はできない。つまり、魏の使節は、往路の水行と違って、帰国時、不彌国、末盧国間を陸行した訳である。

また、当時の倭国には牛馬はいなかったとも倭人伝には記載されている。

陸上の移動条件は、上記のような状態で、道路事情も良くなく、重い荷を背負っての徒歩の移動となり、舟旅とは比較にならないほど、過酷であったと想像される。

舟旅は、有効移動日数を八〇パーセントとしたが、陸の旅は更に道中いくつもある川の渡川もしなければならず、また、人による重い荷物（銅鏡一〇〇枚）の運搬を考慮すると三十日の道程の七〇パーセントが妥当な有効移動日数ではなかろうか。

従って陸上の移動速度は、一二六〇キロ（三四〇〇里）÷二十一日＝約十二キロ（一六〇里）／日となる。

海上移動速度のおおよそ六〇パーセントの速度となる。

毎日六時間歩くとすると平均時速約二キロで移動したことになる。

海上速度と同様に、この歩行速度も妥当な速度ではなかろうか。

江戸時代の東海道の歩行速度が平均七里（二十八キロ）／日であった。その速度の約半分である。

# 第三章　連合王国邪馬壹國について

『魏志倭人伝』では、帯方郡の東南海上に倭国があり、その倭国は、邪馬壹國を含めて三十の国々から構成されていると説明している。もっと以前は、百餘国もあったと記されている。倭国とは別に、倭国の東方に同じ倭人が住む倭種の国々があるとも説明しており、この倭種の国は、倭国と分けて説明している。（四国及び本州にあった国々）

『魏志倭人伝』では、

〈其国本亦以男子爲王住七八十年倭国亂相攻伐暦年乃共立一女子爲王名曰卑彌呼〉

と書かれており、相争っていた国々が共立して卑彌呼という女王を戴いてまとまったとなっている。

つまり、『魏志倭人伝』ではこの三十ヵ国の一部が一人の女王を戴いた連合王国を建国しその連合王国の総称を邪馬壹國と言っているのである。

現在の日本を例に説明すると、各県が具体的な国々であり、邪馬壹國は、その各県が集まった日本国を指すことになる。従って邪馬壹國がどこにあるかということは、その首都がどこにあるかということになる。

『魏志倭人伝』では、邪馬壹國という国名は一ヵ所しか出てこない。

邪馬壹國の国名が記載された以降、邪馬壹國の説明個所が、数ヵ所出てくるが、すべて邪馬壹國とは記載せず女王国と表現している。更に、女王国とも表現せず単に女王とのみ表現した箇所が二ヵ所ある。

『魏志倭人伝』では、邪馬壹國について、行政を行う行政府と女王の住む都とを別々に分けて説明し、非常に複雑で判りづらい説明となっている。

邪馬壹國の行政府は、伊都国にあると説明し、その邪馬壹國の女王である卑彌呼の在所は、起点の判りづらい日数距離〈水行十日、陸行三十日〉と方位（南）で場所を説明している。

更に女王国（邪馬壹國）の都は、別に帯方郡から東南という方位（倭人全体の住む所の方位）と帯方郡からの理数直線距離（一万二千餘里）でその在所を説明している。

従って卑彌呼の在所は、容易にはわからないような内容となっている。

このことが、『魏志倭人伝』の解釈を難解にしている一因でもあることは、前にも述べた。

但し、倭人伝の冒頭に〈倭人在帯方東南大海之中〉と記載されており、倭人の住む所は帯方郡より東南の海を隔てた所と、おおよその場所を記載している。

邪馬壹國の実態を『魏志倭人伝』から更にひも解いてみよう。

先ず、倭人伝記載の各国の戸数について分析してみる。

＊狗邪韓国……………………$\alpha$餘戸
對馬国……………………千餘戸
壱岐国……………………三千許家
＊末盧国……………………四千餘戸
伊都国……………………千餘戸
不彌国……………………千餘家
奴国……………………二万餘戸
＊投馬国……………………五万餘戸
邪馬壹國……………………七万餘戸
その他国……………………$\beta$餘戸（二十ヵ国　邪馬壹國連合内）
＊狗奴国……………………$\gamma$餘戸
＊印は、邪馬壹國連合以外と思われる国を表す。

この一覧表の各国の戸数から類推すると、邪馬壹國の戸数七万戸の内訳は、對馬国、壱岐国、不彌国、伊都国、奴国までの二万六千戸と、それに加えて二十ヵ国の$\beta$戸であり、この数に更に投馬国の五万戸を含むと二万六千戸＋β戸＋五万戸＝七万六千戸＋β戸となり総戸数は、倭人伝の言う邪馬壹國七万餘戸をはるかに超えてしまう。

従って投馬国は、邪馬壹國連合に含まないことは、明らかである。

では、邪馬壹國連合には、どこまでの国々が含まれるのか。

女王国の南の境は、奴国と倭人伝には、書かれていることは前の項で説明した。奴国より南にある倭国での唯一の国、狗奴国は、女王国にあらずと、倭人伝に明記されている。具体的な官職などの記載のない狗邪韓国、末盧国も連合外と思われる。

従って、邪馬壹國連合外の国は、狗邪韓国、末盧国、投馬国、狗奴国の四ヵ国である。

結果として、邪馬壹國は、倭人伝に具体的に記された小さな国々二十ヵ国に加えて、對馬国、壱岐国、不彌国、伊都国、奴国の二五ヵ国の総称であったことになる。

『魏志倭人伝』にはっきりと女王国（邪馬壹國）に属さないと明記されている国は、狗奴国のみである。投馬国は、上記の通り戸数から類推すれば邪馬壹國外であることは、容易に判る。

伊都国は、女王国に属すると倭人伝にはっきり記載されている。

また、女王国の最南境界国は、奴国であることは、前に述べた通りである。従って、奴国も女王国であることは、はっきりしている。

小さな二十の国々の説明の最後に二一番目として奴国がありここが女王の境界の盡所とあることから二十の国々は、邪馬壹國連合の国々であることは明らかである。

七万戸＝二万六千戸＋βであるので、従って二十ヵ国の総戸数β＝四万四千戸となる。

狗邪韓国と末盧国は、以前説明した理由で邪馬壹國以外と推測される。

對馬、壱岐、不彌国は、これらの国の詳しい説明内容から邪馬壹國と推測した。

従って、邪馬壹國は、上記の通り二五ヵ国の連合国家と推測される。

一方、女王国は、帯方郡より直線距離一万二千餘里の宮崎市付近であることも検討済みである。

女王国までの距離とは、女王卑彌呼が都とする所までの距離ということである。

つまり、卑彌呼の都は、宮崎市付近にあった。しかも、この宮崎市付近は、その南には、狗奴国（現在の鹿児島県）しか存在せず、女王国の最南の地でもあった。

ということは、卑彌呼は、女王国の最南の国である奴国の人であり、この奴国から邪馬壹國連合の王に選ばれたことになる。しかも、奴国の都は、前述した如く、伊都国の東南一〇〇里の水縄山地山麓に存在するにもかかわらず、卑彌呼は、そこからさらに遥か南方、現在の宮崎市付近の奴国内に、邪馬壹國連合の都を設けていた。

この複雑な関係を解く鍵は、唯一、奴国もまた都が、行政府（伊都国の東南一〇〇里）と王都（宮崎市付近）の二ヵ所存在したことに他ならない。

北九州から宮崎市は、あまりにも遠いので、奴国もまた伊都国の東南一〇〇里に行政府を置いていたのであろう。

あるいは、元々奴国の首都は、伊都国東南一〇〇里の水縄山麓にあったが、奴国内の宮崎市近辺に在住の卑彌呼が、邪馬壹國の女王になり、新たに宮崎市近辺を邪馬壹國女王の都として、奴国の都とは別に、設定したのかもしれない。

江戸時代の京都と江戸と同様に、邪馬壹國は、王都と行政府が分かれていたが、奴国もまた行政府（伊都国の東南方向一〇〇里）と、卑彌呼の住む王都（宮崎市付近）が分かれていたのである。

卑彌呼の住む都は、当然邪馬壹國の都であり、しかも奴国内にその都があったということになる。

以上から三世紀当時の九州の概略の勢力図を図13に示す。

## 図13 三世紀中頃の九州倭国の勢力図

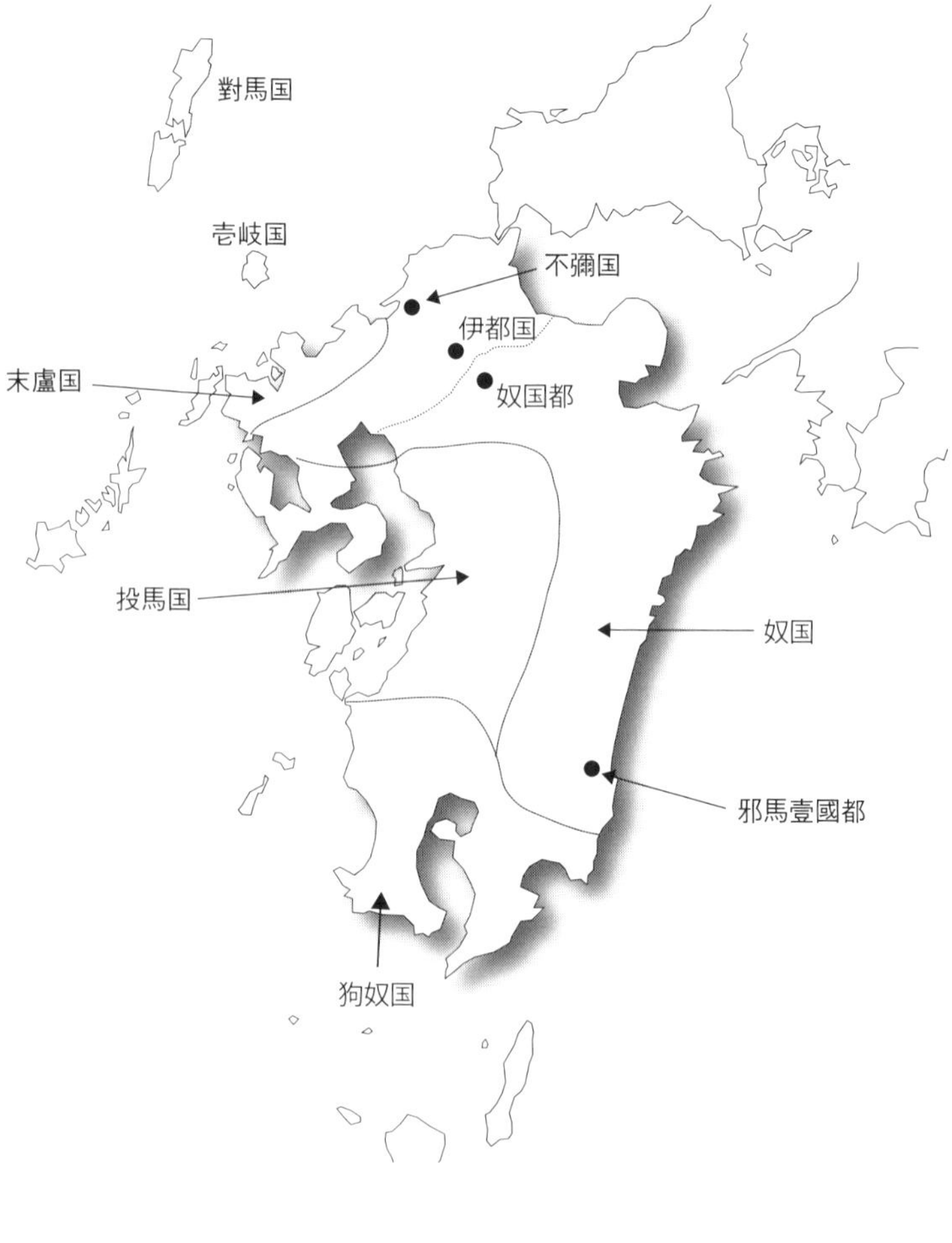

投馬国　→　現在の熊本県、長崎県

奴国　→　筑紫平野南部から現在の大分、宮崎県まで含めた大国

狗奴国　→　現在の鹿児島県（奴国の南と倭人伝に記載されている）

末盧国　→　現在の福岡県の西半分（背振山地北側）、佐賀県北部

伊都国　→　現在の朝倉付近

不彌国　→　現在の博多駅から香椎宮付近

狗邪韓国　→　現在の韓国巨済島

對馬国　→　現在の對馬島

壱岐国　→　現在の壱岐島

残り二十ヵ国は、福岡県、佐賀県、大分県、山口県などに分布していたと思われる。

## ■邪馬壹國の卑彌呼の居た都

邪馬壹國の卑彌呼のいた都は、宮崎市のどの辺りにあったのか。その手掛かりを『魏志倭人伝』から探してみよう。

一、『魏志倭人伝』には、
〈卑彌呼以死大作冢徑百餘歩徇葬者奴百餘人〉とあり、
卑彌呼の死後径百歩の塚を作り一〇〇人餘の奴婢の殉死者を一緒に埋葬したとある。
ということは、一章で検討したように、一・五メートル／歩とすると、一〇〇餘歩で直径一五〇メートル規模の古墳、又は円周一五〇メートルとして直径約四八メートルの古墳のいずれかが現在も何処かに残っており、一〇〇人余の殉死者の人骨も卑彌呼の墓の傍らに埋葬されているはずである。

二、宮崎市の生目《いきめ》古墳のある所から、大淀川を渡って対岸にある笠置《かさご》山古墳には、一〇〇人規模の殉死者の墓が整然と並んでいると言われている。この笠置山古墳は、生目古墳同様三世紀頃の遺跡である。

しかし、現在では、この笠置山古墳は、変電所の一部となっており、色んな埋蔵品が出土しているにもかかわらず、古墳とは、認定されていないのが現状である。

現在は、在野の考古学研究家日高氏が、個人的に発掘調査しているのみである。

殉死者の墓を伴った三世紀頃の遺跡は、日本では今のところ平原遺跡とここ笠置山古墳しかないと言われている。平原遺跡は、女性を葬った墓の様ではあるが、埋葬されている殉死者の数は、一〇〇人よりかなり少ない一六人ほどである。従って、笠置山古墳は、卑彌呼の墓である可能性が高い古墳の一つと考えられる。笠置山古墳とその近辺の徹底的発掘調査が必要である。

三、『魏志倭人伝』では、上記した通り、帯方郡から女王国（邪馬壹國）の卑彌呼のいた都まで一二〇〇〇餘里の直線距離とある。（85頁の図10参照）
ここで、再度前記三章の帯方郡から伊都国までの理数距離の積算値Dの一二〇〇〇餘里を思い出して欲しい。

陳寿は、この帯方郡から伊都国までの移動距離の積算値Dに色々な謎をかけている。
○　このDの一二〇〇〇餘里は、不彌国の説明箇所が伊都国より前に存在しないと全体の距離が一〇〇里（末盧国と不彌国間の距離）短くなってしまう。

ということは、Dは、一二〇〇〇餘里にならなくなってしまう。

つまり不彌国の説明場所は、前述した通り、伊都国の前に移動する必要ある。

〇　伊都国は、邪馬壹國の行政府であり、魏の使節の最終目的地である。

その伊都国までの積算移動距離は、一二〇〇〇餘里（D）である。

『魏志倭人伝』記載の〈自郡至女王國萬二千餘里〉の意味は、帯方郡から女王国まで直線距離で一二〇〇〇餘里である。

この場合の女王国までとは、前述した通り、邪馬壹國の王都まで、の意味である。帯方郡からの直線距離一二〇〇〇餘里の所に、邪馬壹國の女王の住む王都があると倭人伝は言っているのである。

しかも、前述の通り、その女王の都は、奴国にあった。その奴国は、邪馬壹國の女王を生み出した国で、戸数二万餘戸が示す通り相当の大国であったようである。

この帯方郡から直線で一二〇〇〇餘里の距離には、次に述べるような意味も含んでいる。

帯方郡から伊都国までの移動積算理数距離一二〇〇〇餘里は、『魏志倭人伝』の謎解きができた時に、計算上でしか明らかにならない、隠れた数字である。

（倭人伝には、帯方郡から伊都国までの直接の理数距離自体は、具体的に記載されていない）

しかし、倭人伝に具体的に記載された帯方郡から女王国までの直線距離と、この隠れた、伊都国までの、積算距離値が、同じ一二〇〇〇餘里であることが、倭人伝をある程度解読できた読者を、最後に更に惑わす陳寿の策であったのではなかろうか。

女王国（邪馬壹國）には、女王が都とする所が行政府とは別にあり、そこまでは、帯方郡から直線距離で一二〇〇〇餘里ですよ、邪馬壹國の行政府である伊都国までの帯方郡からの積算距離一二〇〇〇餘里とは、違いますよと、陳寿は、示唆しているのである。

この謎が判らないと、伊都国が邪馬壹國の女王の都と勘違いするように倭人伝は書かれているのである。つまり、国史として機密を守るため、関係者以外は、容易に真実が判らないように、内容を脚色したのである。

このために全体に影響の少ない、對馬、壱岐の「方」の距離を調整し、伊都国まで積算理数距離を一二〇〇〇餘里に合わせたと思われる。帯方郡から半径一二〇〇〇餘里の円に入る宮崎県の場所は、生目《いきめ》古墳遺跡近辺となる。

以上より生目古墳付近を邪馬壹國の都の場所と仮に決め、『魏志倭人伝』の記載内容を検証してみよう。

図14 帯方郡から邪馬壹國都間の距離
3 世紀当時の計測結果

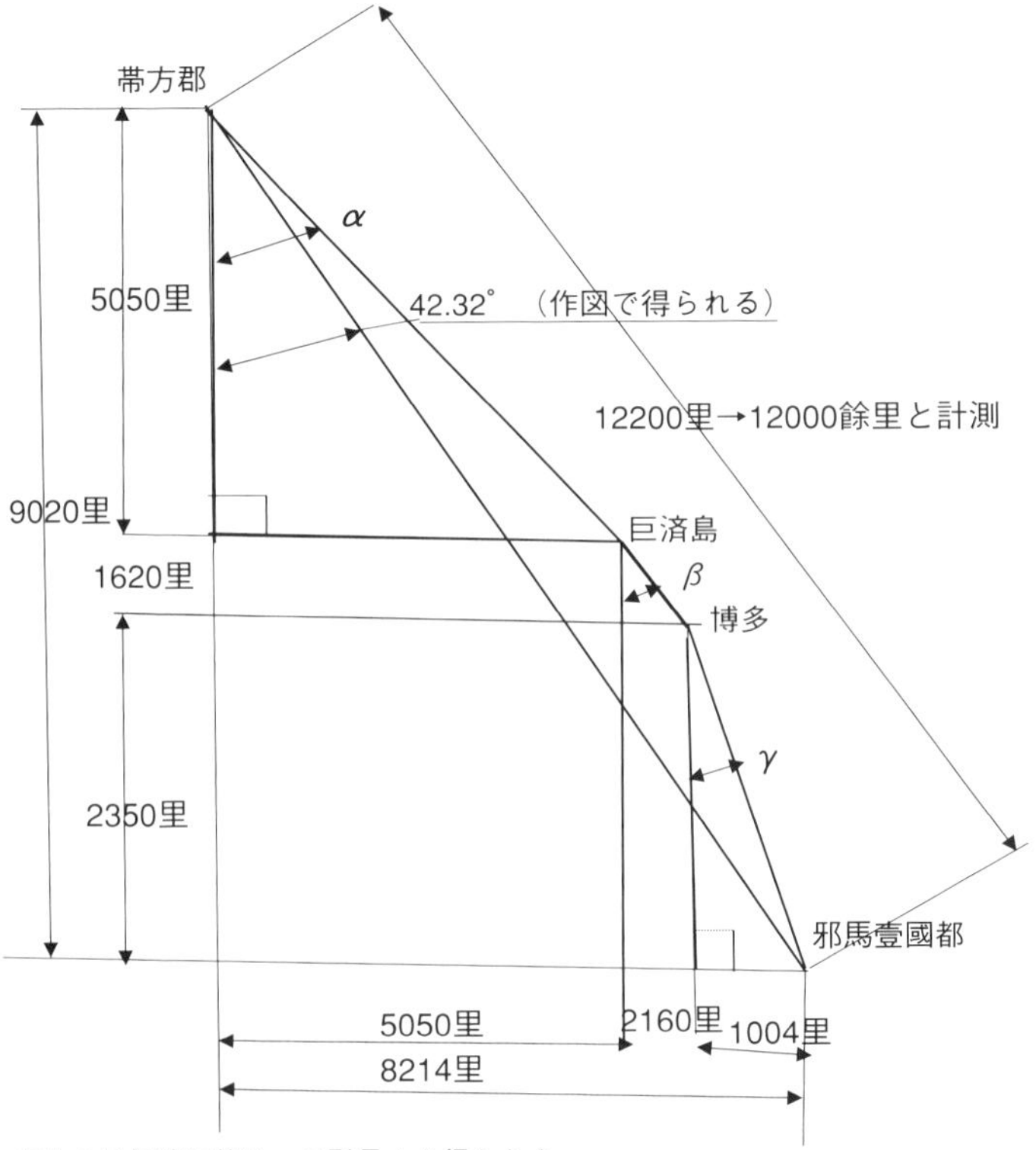


南北の子午線距離は、日影長より得られた。
各地点間の 3 世紀当時の計測方法で得られた方位（南からの方位）

| | | | 倭人伝方位 | 実際の方位 |
|---|---|---|---|---|
| 帯方郡から巨済島 | $\alpha$ | → | 45° | 41.87° |
| 巨済島から博多 | $\beta$ | → | 53.13° | 53.24° |
| 博多から生目遺跡 | $\gamma$ | → | 23.13° | 25.69° |

各地の緯度、経度から計算した帯方郡から宮崎生目遺跡までの実際の距離
918 km→11992 里（約12000里）

## ■帯方郡から生目古墳までの距離について

図14を参照にしながら帯方郡から生目古墳までの距離について三世紀当時の計測方法で検討してみる。帯方郡から巨済島までは、すでに説明済みでありその数値を使用している。

⊙先ず巨済島から博多駅（不彌国）までの方位と距離について検討する。

南北距離は、表1より両地点の日影長の差一・六二から一六二〇里となる。

次に方位であるが、実際の方位は、北から一二六・七七度であるが倭人伝では、ピタゴラスの直角三角形を使い一八〇度マイナス五三・一三度＝一二六・八七度（南から五三・一三度）と計測したのであろうと推測される。（誤差〇・一〇度）

実際は、上記の帯方郡─巨済島間で説明したように、巨済島、對馬、壱岐、不彌国の間にランドマークを定めて、方位を計測したと思われる。

⊙次に博多駅から生目古墳までの方位と距離について検討する。

南北距離は、日影長の差二・三五から二三五〇里となる。

方位については、実際の方位は、北から一五四・三一度であるが、この方位を十二支の方位とピタゴラスの三角形を組み合わせ一二〇度＋三六・八七度＝一五六・八七度（南から二三・一三度）と計測したと推測される。（誤差二・五六度）

中国では第一章で説明した通り、十二支を使った方位が古くから使われていることより、方位は、三〇度刻みで計測していたと思われる。また前述したようにピタゴラス直角三角形（各辺の比五対四対三）も十二等分方位と組み合わせて魏の時代よく使用されていたようである。

⦿最後に帯方郡から生目古墳までの方位と距離について検討する。

図14で示したように、帯方郡から生目古墳まで南北距離九〇二〇里は、日影長の差九・〇二より得られる。実際の方位は北より一三八・四三度であるが、この方位を一三七・六八度と計測したと思われる。（南から四二・三二度）この方位は、実際は、作図で得られることになる。

帯方郡―巨済島―不彌国（博多駅）―生目古墳の各区間で計測した方位と南北距離から、帯方郡から生目古墳間の方位と距離を当時と同じように検討すると図14のようになる。

帯方郡から生目古墳までの距離は、図14の通り、南北距離九〇二〇里と方位四一・三二度より作図で得られたその距離は、一二二〇〇里→一二〇〇〇餘里となる。

この作図で得られた方位は、南から四二・三二度であり、実際の方位南から四一・五七度に対し誤差〇・七五度である。

これらの数値は、『魏志倭人伝』の〈自郡至女王國萬二千餘里〉および冒頭の〈倭人在帯方東南大海之中〉と見事に一致する。

なお実際の、帯方郡から生目古墳間の距離も九一八キロ（約一二〇〇〇里）であり、上記古代の計測方法での距離とほぼ一致する。

以上より邪馬壹國女王卑彌呼の都は、生目古墳遺跡近くであることが判明した。

この都に行くのには、前述した通り不彌国から舟で関門海峡を通過し、宇佐まで移動しそこで上陸、そこから徒歩で国東半島の西を縦断し、その後九州の東海岸沿いを南下し、生目古墳近くまで一ヵ月かけて移動したと思われる。

その陸上移動距離は、現代の道路を行くと、およそ二六〇キロ（三四〇〇餘里）である。（図12参照）十二キロ／日の歩行速度で約三〇パーセントのロスを考慮し三〇日かかった。

いずれにせよ邪馬壹國の女王（卑彌呼）の住んだ都の位置を確定するには、生目古墳、笠置山古墳及びその周辺の考古学発掘、調査を徹底する必要がある。

なお、生目《いきめ》とは非常に珍しい地名であるが、十一代垂仁天皇の和名が活目入彦《イクメイリビコ》五十《イ》狭茅《サチ》であり、この生目という地名に非常に良く似ている。

垂仁天皇は、宮崎生目出身の天皇だったのではなかろうか。

さらに、本文の『はじめ』のところで述べたが、邪馬壹「一」國が邪馬臺「台」國であるならば、その呼び方は、ヤマタイではなく、ヤマダではなかろうか。

倭人のヤマダの発音が魏の役人にはヤマダイと聞こえた可能性もある。

音のみを借字で表現するならば母音は普通、一字一個であろう。

ヤマタイならば、ヤ、マ、タ、イを別々の漢字で表現するはずである。

臺（台）をタイと発音すれば母音二個となってしまう。

宮崎市の近辺に古くからヤマダと呼ばれる地域があればそこに卑彌呼の都の址《あと》が見つかる可能性がある。

## ■倭の大きさについて

『魏志倭人伝』には、〈参問倭地絶在海中洲島之上或絶或連周旋可五千餘里〉とあり、倭地は、北の果て狗邪韓国から南の果て狗奴国まで、巡って五千餘里と記載されているが、46頁の表1の巨済島から狗奴国最南の佐多岬間の日影長の差五・三二より、この間の子午線距離

は五三二〇里となり、上記五千餘里とほぼ一致する。（112頁 図15参照）

倭人伝の言う、倭国の大きさは、倭国北岸の狗邪韓国（巨済島）から南の果ての「狗奴国」まで、五〇〇〇餘里とみていたのであろう。

実際の距離は、巨済島、鹿児島県佐多岬の緯度より計算すると四一二キロであり、里に換算すると五三七七里となる。

倭人伝では、かなり正確に倭国の大きさを把握していたことが判る。

## ■倭国と中国大陸の位置関係について

『魏志倭人伝』には、

〈計其道里當在会稽東治之東〉とあり、倭国と中国大陸の位置関係について記述している。

通説では、東治は東治《とうや》（福州・北緯二六度）の写し間違いとされ、倭国が、会稽《かいけい》（紹興）と東治（福州）の東にあると、解釈されていた。

これでは、まさに女王国（邪馬壹國）が九州の南部（北緯三一度）から琉球（北緯二六度）

の間にあったことになってしまう。

このことが、『魏志倭人伝』の最大の謎の一つで、倭人伝に記載されている距離は、あてにならないとの見解の主たる理由であった。

当時、魏の最大のライバルであった呉の沖合に魏の同盟国として倭国があると魏にとって都合がよいとの政治的意図で、陳寿は、倭国をそういう位置関係に意図的にしたのだろうとの意見も存在している。しかし、陳寿が、『三国志』を記述し始める一年前の西暦二八〇年に、呉は滅亡しており、こんな政治的配慮の必要性は、倭人伝執筆当時、なかった。

また、第一章で説明した陳寿の人物像を考慮すると、こんなあからさまな小細工を陳寿がするとも思えない。我々は、何か大きな誤解をしていないだろうか。

東治は、通説の通り、東治の本当に誤写なのであろうか。

そうでなく、違う文字を魏の役人が誤写したとしたらどうであろう。

魏の時代、山東半島の根元現在の臨沂《りんい》市付近を徐州の東海郡と呼んでいた。

東海を東治と写し間違ったとしたらどうであろうか。東海郡の緯度は、北緯35度である。

会稽郡が北緯三〇度であるので、会稽、東海間（北緯30～35度）は、まさに狗奴国（鹿児島県）から狗邪韓国（巨済島）間とほぼ一致する。（北緯31度～34・7度）（図15参照）

図15

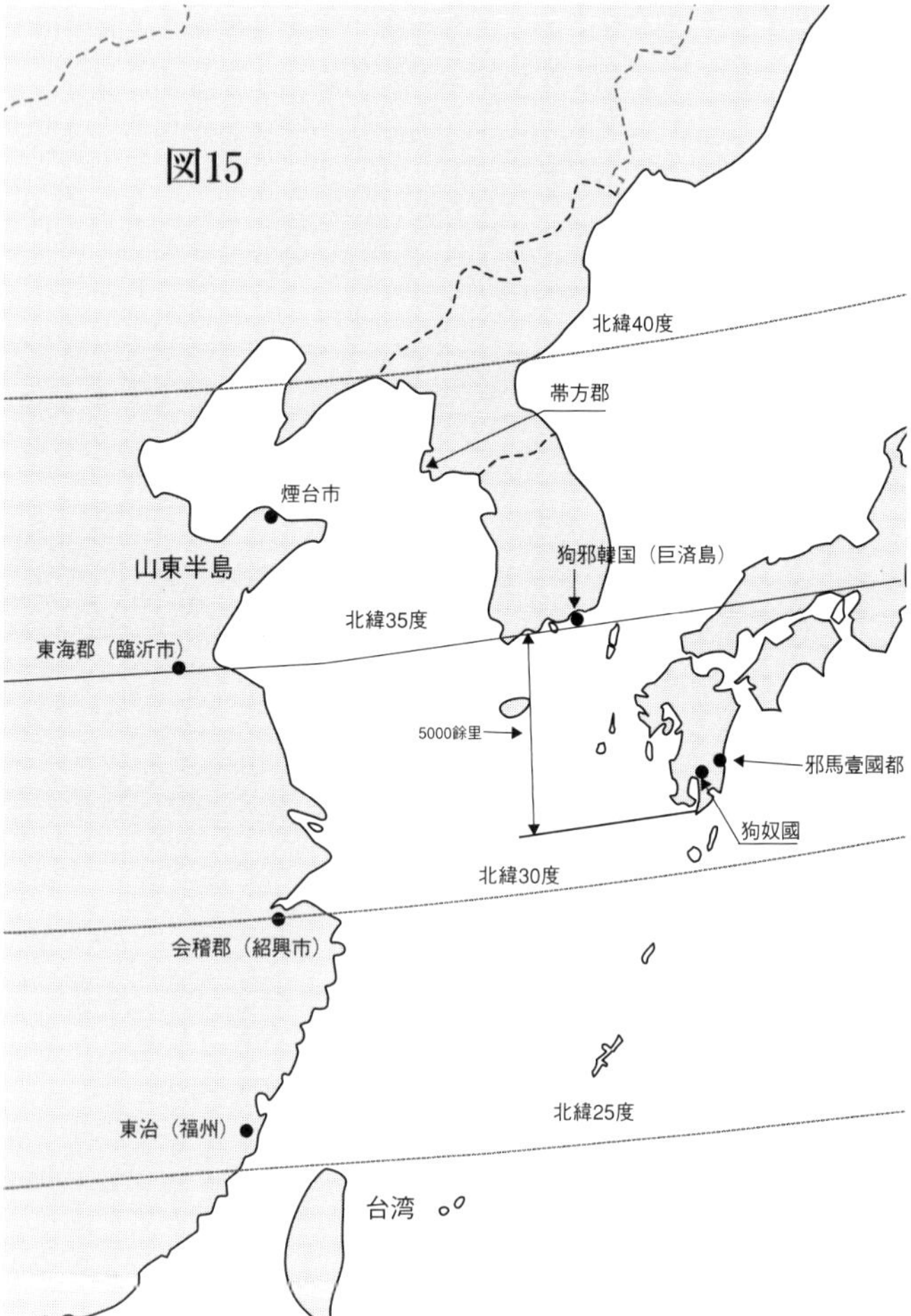

北緯40度
帯方郡
煙台市
山東半島
狗邪韓国（巨済島）
北緯35度
東海郡（臨沂市）
5000餘里
邪馬壹國都
狗奴國
北緯30度
会稽郡（紹興市）
北緯25度
東治（福州）
台湾

やはり、東治は、東海の誤写であった公算が極めて大である。

中国では、東西南北、南船北馬と言うように、何処から何処までと説明する場合は、南から北に説明するのが、一般的ではなかろうか。そうすると、会稽から東治では、会稽が南で東治が北でなくてはならない。とすれば東治は間違いで、やはり東海が正しいのではなかろうか。

日影長を使うことで、緯度については、魏の役人は、非常に正確に位置を把握していたことは、前に議論した通りである。ちなみに、陳寿は、一時左遷されて、山東省長広（現在の菜陽市）の太守であった。山東省の一部が徐州の東海郡であったことは、陳寿は、よく知っていたと思う。

東治は、東海の写し間違いと考えるのが常識的ではなかろうか。

「治」と「海」は、草書体では、間違いやすい。

×（治）→〇（海）

陳寿の書き上げた『魏志倭人伝』の原本が残ってない限り、真偽のほどは、闇の中であるが、これまで、説明してきた通り、『魏志倭人伝』における倭国の領域は、九州内に収まることが、はっきりしている。倭国の南の端に近い邪馬壹國の都が、帯方郡より一万二千餘里と『魏志倭人伝』には記載されており、この事実から、倭国の南の果ては、ほぼ北緯三一度と誰でも計算できる。

それにもかかわらず、倭国の位置が中国大陸の会稽―東治の位置関係（沖縄とほぼ同じ位置関係）と同じ緯度であるという説明は、成り立たないことは誰にでも容易に判ることである。

当時の魏では、「一寸千里法」の日影長を計測することで、南北方向の位置（緯度）は、かなり正確に計測可能であったことは以前説明した通りである。

このような状況下で陳寿が、倭国と中国本国との位置関係に嘘と誰にでも直ぐ判る様な変な小細工をするとは到底考えられない。やはり、東治は、写字の折の間違いの公算が大であろう。

『魏志倭人伝』では、主に地名（對馬、壱岐）で写字の折に、明白な間違いがあることは、前に述べた通りである

# 第四章　九州以東の倭人の国について

『魏志倭人伝』には、邪馬壹國以東の倭人の国について記載してある。

〈女王國東渡海千餘里復有國皆倭種又有侏儒儒國在其南人長三四尺去女王四千餘里又有裸國黒歯國復在其東南船行一年可至〉

女王国とは、邪馬壹國のことであるから、北九州の東海岸（大分県近辺）から千里東に渡海して行き着く先は、四国愛媛県の西北岸と思われる。この辺りも当たり前だが倭種の国があると書かれている。九州の倭国以外の倭人の国ということであろう。

愛媛県西北岸瀬戸内海側の倭種の国から更に南に侏儒国《しゅじゅこく》があったようである。

この国は、三〜四尺（八〇〜一〇〇センチ）の身長の小人の国であり、女王より四千餘里の距離にある。

女王国ではなく、女王よりとなっているのは、女王が住んでいた邪馬壹國の都より、という意味であろうから、生目遺跡付近から四千里（三〇六キロ）のその場所は、室戸岬近辺と思われる。その侏儒国からさらに東南に船で一年行くと、裸国、黒歯国、があるとなっているが、一年は、一月の間違いであろう。（×年→〇月）

年と月は、草書体では、きわめてよく似ていて、間違い易い。

裸国と黒歯国は、室戸岬から一ヵ月の船旅の距離とすれば伊勢、志摩近辺または、伊勢湾の奥、木曾川、長良川河口付近と思われる。

裸ということは、昔も現代の海人同様、伊勢湾の、このあたりの人々は、水に潜って魚介類を採取していたのであろう。またお歯黒の習慣もこの頃からあったようである。

以上の記述の意味するところは、九州に存在した『魏志倭人伝』に記載された邪馬壹國を含めた三〇ヵ国以外に、当然のことであるが三世紀には、四国、本州にも倭人の国々が九州の倭国とは別に存在していたということであろう。

神武天皇の東征の折、白肩の津に上陸した神武天皇を迎え撃った登美の豪族長髄彦《ながすねひこ》達か又は彼の子孫達が治めていた国々と思われる。

倭人伝に記載された九州の倭国とは、異なった文化の倭種の国々が本州には存在していたことを倭人伝は、語っているのである。三世紀中ごろこれら本州の国々は、魏とは外交関係はなかったようである。

纏向《まきむく》遺跡や銅鐸の文化は、これら本州に古くから存在した九州とは異なった文化を持った民族が作ったものと思われる。

# 第五章　『魏志倭人伝』に関係する種々の情報

## ■朝倉の宮について

伊都国があった朝倉という地は、日本書紀によると、斉明天皇が百済救済の朝鮮出兵のため、九州に進軍した折、宮を定めた所である。

西暦六六一年斉明天皇が崩御したのもこの朝倉の宮である。

この地は、昔は麻弓良布《アマラフ》と呼ばれていた。いつの間にか「布」の字は消えてしまい今日に至っている。

麻弓良布は、麻弓良須の誤写とも言われている。（マテラフ→マテラス）

「布」と「須」は、草書体ではほとんど同じ字で間違い易い。

麻弓良須の訓読みは、アマテラスと読める。――以上は井上悦文氏の説
現在も朝倉には、麻弓良山があり古代信仰の霊山となっている。

斉明天皇は、何故朝倉に仮宮を定めたのか？　朝倉にあった伊都国が邪馬壹國の行政府であったことと繫がりがあったのではなかろうか。

日本書紀の天照大神は、邪馬壹國女王の卑彌呼をモデルに創造した物語であったのではな

かろうか。卑彌呼ないし壹與《いよ》のどちらかまたは両方が、天照大神のモデルであったのかもしれない。斉明天皇の時代、朝倉の菱野には、唐船が有明海より上がってきていたと（筑後国風土記）に記載されている。朝倉が、外交、貿易上重要な場所でないと唐船がこんな内陸まで、くる理由が見当たらない。この菱野の近辺に伊都国の都があったのかもしれない。

このことは、朝倉の地は、七世紀当時でも中国貿易の重要拠点であった可能性が大である。干満の差が激しい有明海は、当時、満潮時に朝倉まで潮が来ていたと思われる。

また朝倉は、筑紫平野では、敵国である投馬国《とまこく》（熊本県）より最も遠く、玄界灘にも出やすく更に、筑後川の川沿いであり、有明海とも繋がっており、邪馬壹國連合の行政府には、戦略的に適した土地であったと思われる。

卑彌呼の時代、筑後川下流域は、河口から久留米までは、氾濫域で、潮の干満も激しく、住むには難しい土地であったようで、この地での集落は、吉野ヶ里遺跡と同じように、山の麓の高台に作られたようである。

また、日本書紀に記載されているが、仲哀天皇、神功皇后、斉明天皇は、朝鮮侵攻の折、香椎宮を借り宮とした。昔は、この香椎宮の地が朝鮮侵攻の船の発着場所であったと思われる。

その香椎宮は、不彌国に位置する。卑彌呼の時代は、博多湾の西半分以上は、邪馬壹國連合外の末盧国の領域であったことは、前に議論した通りである。

五～六世紀頃でも、壱岐に最も近い唐津は、依然としての末盧国の領域であり、その後に続く大和政権の初期でも、この地は依然として朝鮮半島への侵攻基地に、なり得なかったと思われる。

従って、三世紀当時、糸島半島に伊都国が存在したこともあり得ないのである。

末盧国と邪馬壹國およびその後に続く大和政権の関係は、七世紀頃まで軍事、政治的には、まだ微妙な関係であったと思われる。

## ■日蝕と天岩戸伝説について

天照大神と日蝕に関し興味深い話をしよう。

卑彌呼が没したと言われる西暦二四七年の年、三月二十四日、日没寸前に、北九州では、日蝕が見られた。日没時で、八〇パーセントの日蝕であった（日没後に皆既日蝕となった）。太陽が八〇パーセントも欠けながら日没となり、日没後は普段とは違って急速に暗くなったと思われ、古代の人々は、この日蝕に大きな恐怖を抱いたと想像される。この日蝕の日に卑彌呼がまだ健在であったかどうかは、定かではない。ところが、その翌年の西暦二四八年にも九月五日、今度は日の出時に同じく北九州で再度、日蝕が見られた。日の出時に九〇パーセントの日蝕であった。
(日の出前に皆既日蝕は、終了していた)

この時は、卑彌呼は、すでに死亡していた。

二年続けて北九州では日蝕があったのである。こんなことは、日本の歴史上きわめて稀な現象である。しかも最初は、日没時で、卑彌呼が亡くなった後の翌年は、日の出時に、この日蝕は、発生している。ちょうど卑彌呼の死亡と前後し、日の出と日没に日蝕が発生したのである。

当時の人々がこの日蝕に不思議な霊力を感じたとしてもおかしくない。

日の出及び日没の太陽は、まぶしくなく、晴れてさえいれば、誰でも肉眼で日蝕を見ることができることは、ご承知の通りである。

『魏志倭人伝』によると、卑彌呼が没した（西暦二四七年）後、〈更立男王國中不服更相誅殺當時殺千餘人復立卑彌呼宗女壹與年十三為王〉とあり、その後、男子の王を立てたが、どこの国も従わず、戦争となり約千人が死亡したとある。

前に述べた通り、この男子の王は、卑彌呼の弟の可能性大である。従って、天照大神の弟素戔嗚命《すさのおのみこと》のモデルであったのではなかろうか。その後男子の王（素戔嗚命）は追放あるいは殺害され、卑彌呼の宗女である、十三歳の壹與《いよ》が女王となり、国中がついに安定したとある。

この二年続けての日蝕は、古事記、日本書紀の天照大神と天岩戸伝説の状況に非常に良く似ていないだろうか。

卑彌呼が亡くなると前後して、日没時日蝕となり、その後、男子の王が立ったが、しかし世は乱れ約千人もの人々が戦死した。

その一年半後、今度は、日の出の日蝕となった。女王でないと国は治まらない、ないしは、卑彌呼の祟りと誰しもが思ったのではなかろうか。

そこで、卑彌呼の宗女壹與を十三歳にして女王とした。その結果、国は安定した。

もし、二年続けての日食が、古事記、日本書紀の天岩戸の伝説の元になったとしたら、天照大神のモデルは、卑彌呼ではなく日蝕後女王となった壹與ということになる。

あるいは、記紀では、壹與は、卑彌呼の復活として描いたのかもしれない。

神話、伝説は、全くの空想でなく、歴史上の何かのきっかけがあってできるものと思う。

とすれば、まさに歴史上極々稀なこの二年続けての日蝕が北九州にタイミングよく卑彌呼の死の折に発生し、その直後世が大混乱となり大勢戦死し、その後、新たに壹與という救世主が立ち、世の中平和となったという事実は、子孫に語り継ぎたくなる大事件であったろう。

そこで天岩戸伝説ができたのは、ありそうな話である。

現代では、科学で確認できる当時発生した日蝕という自然現象の日時と「魏志倭人伝」に残された、倭国の歴史上の事件の日時の一致からこのような推理も成り立つがどうであろうか。

以上が事実としても、卑彌呼、壹與と同時代に、初代神武天皇がいたのか、それとも二人の女王の後に、かの天皇がいたのかは、はっきりしないが、卑彌呼以前に神武天皇がいた可能性は、ほとんどない。

卑彌呼以前に神武天皇がいたとすると、男子の王を挟んで二代の女王がいなくてはならないが、二代綏靖《すいぜい》天皇～十四代仲哀《ちゅうあい》天皇までの間には、綏靖天皇以外は、どの天皇にも「彦」が名前にあり、これらの天皇は明らかに男性であるので、神武天皇が、卑彌呼、壹與の時代以前の天皇であることは、天皇の系譜から推してありえない。

神武天皇は、卑彌呼と同時代に邪馬壹國の将軍としていたのかもしれない。

ということは、伊都国にいた邪馬壹國連合の行政官である大率が、神武天皇であったのかもしれない。

『魏志倭人伝』では、大率らしき人物は、卑彌呼が魏に派遣した難升米《なしめ》（日本書紀では難斗米）と、壹與の時代の掖邪狗《えきやく》の二人が登場する。掖邪狗は、難升米の後に登場するので神武天皇の可能性のあるのは、掖邪狗であろう。

いずれにせよ九州の二五ヵ国をまとめる奴国を主体とする邪馬壹國には、強力な軍隊と武器と強い将軍がいたことは、間違いない。その将軍が後の神武天皇であってもおかしくない。日本書紀では、神功《じんぐう》皇后の巻で『魏志倭人伝』を紹介しており、いかにも神功皇后が卑彌呼であったかのように説明している。仲哀天皇崩御後、自ら軍を率いて新羅に遠征した、天皇の后であった神功皇后と卑彌呼では、倭人伝の説明内容とあまりにも違い過ぎる。日本書紀では、年代の辻褄合わせのために、神功皇后の物語を創造したのではなかろうか。

## ■『漢委奴国王』の金印について

卑彌呼が女王となったのは、西暦一八九年であるが、倭国では、卑彌呼が、女王になる百年以上前から、奴国が九州では勢力大であったようで、当時の中国の王朝の漢に奴国は、朝貢していた。西暦一〇七年に奴国は、当時開設されたばかりの楽浪郡（郡都は、現在の北朝鮮のピョンヤンにあった）に朝貢し、それ以前の西暦五七年には、かの有名な『漢委奴国王』金印を、漢の皇帝から下賜されている。

我々は、昭和三十年代に学校で、この金印は、「漢の倭の奴の国王」印と教わった。はたしてそうであろうか。「漢の倭の奴の国王」ではなく、「漢に委《ゆだ》ねた奴の国王」の意味ではなかろうか。委ねたとは、漢の属国ということであろう。「委」と「倭」では全く意味が異なる。

二世紀、三世紀、倭国は、戦乱の時代で各々の国の領土も頻繁に変わっていたと思われる。奴国の金印が、志賀島から出土したのもそのためであろう。

その後奴国は、更に興隆し三世紀には、倭国最大の邪馬壹國連合を主導する国となり、連合の国王としての卑彌呼を自国より出すことになった。

『親魏倭王』とは、「魏と友好国である倭国の王」という意味であろう。

つまり、邪馬壹國の女王卑彌呼は、倭国を代表する王であると、魏は認めていたのであろう。以前に下賜された金印は単に漢の属国の奴国王の印であるが、卑彌呼の金印は、まさに魏と親しい友好国倭国の王の金印であった。

つまり、卑彌呼が、王となり倭国全体を邪馬壹國連合と連合以外の二大勢力に統一したことにより、魏への遣使派遣は、単なる奴国王からの派遣ではなく、奴国出身ではあるが、倭国を代表する邪馬壹國連合の女王卑彌呼からの派遣に、替ったということであろう。

但し、倭国の戦乱は、まだまだ続いたようである。いずれにせよ卑彌呼の時代以降、九州内の倭国戦乱は、主として縄文以来の古来の日本人と移民勢力（弥生人）との勢力争いではなかったかと思う。縄文以来の古来日本人の国は、九州では、この卑彌呼の時代、邪馬壹國連合外の狗奴国、末盧国、投馬国であったと思われる。（99頁、図13参照）

これら、縄文以来の古来日本人の国々は、九州北東部から侵入してきた渡来弥生人である邪馬壹國勢力に押されて、三世紀においては、九州の西部と南部に押し込められていたようである。

時を超えて『魏志倭人伝』は、現代の我々に色んな情報を提供している。

中国では、西暦二六三年に蜀が滅亡し、二八〇年に呉が滅亡、二六五年から魏から替わって晋の時代となった。

西暦二六六年に卑彌呼の後継者である壹與が晋に朝貢して以降、西暦四二〇年の倭王讃(倭の五王）による東晋への朝貢まで百五十年近く中国の史書から倭国の記録がなくなる。

所謂、空白の四世紀である。(倭の五王については、次章にて記載する）

しかし、中国吉林省で発見された、高句麗王好太王《こうたいおう》（広開土王・西暦三九一〜四一二）の石碑の碑文に以下の倭との戦乱が記録されていた。

・西暦三九一年倭、渡海し百済、新羅を属国とした。
・西暦三九六年好太王百済に遠征し倭を追い出す。
・西暦四〇〇年高句麗、新羅連合軍、倭と戦い、倭敗北。
・西暦四〇四年倭朝鮮半島上陸、高句麗と戦い敗北。

空白の四世紀も五世紀前後には、倭国は、朝鮮に頻繁に遠征していたようである。

## ■奴国と製鉄技術について

一世紀から三世紀半ばの卑彌呼の時代まで、奴国は、九州の倭国内で、常に最強国であったようである。上記した如く、一世紀の中ごろに中国漢王朝の皇帝より金印を下賜されたことでも明らかである。

邪馬壹國連合の盟主も奴国であったことは、前に述べた通りである。

その後続く大和政権もこの邪馬壹國連合からの継続とすると、大和政権の基盤も奴国がその基となったことになる。

そのことは、中国の歴史書『新唐書』にも記載されており、〈日本古倭奴也→日本は古の倭の奴国なり〉となっている。

奴国は、どうしてそんな力を得られたのだろうか。最も有力な鍵は、製鉄の技術を握ったからではなかろうか。

製鉄の技術を持つということは、第一に強力な武器を手にすることに他ならない。当時主体であった青銅の武器に比べ、鋼は、よく切れ、軽く、強靭でしかも加工が容易で格段に進歩した武器となった。

第二に、鋼を利用した農機具の飛躍的発達である。強国の条件である大きな人口を支えるには、食料の確保が最重要であり、そのため、なくてはならない農機具の発達には、鉄が重要な役割を負っていた。

日本の製鉄技術は、出雲のたたら製鉄（砂鉄が原料）がよく知られているが、出雲より前に奴国の宮崎「生目」の地に製鉄技術があったと思われる。

生目遺跡の傍にある笠置山《かさごやま》古墳付近から、製鉄時発生する鉱滓が多く発掘されている。

ここでの製鉄は、褐鉄鉱石が原料で、鉄を熔解する炉の温度は、摂氏九〇〇度程度あるいはそれ以下の温度で、砂鉄（磁鉄鉱）を熔解する炉の温度（摂氏一一五四度以上）より一段と低い温度で鉄を生産できた。しかし生み出される鉄の質は、褐鉄鉱は、磁鉄鉱よりはるかに劣っている。

『三国志』『烏丸鮮卑東夷伝』『弁辰の条』に次の鉄に関する説明がある。

〈国出鐵韓・濊・倭皆従取之諸市買皆用鐵如中國用銭又以供給二郡〉

当時、朝鮮半島韓の弁辰では、鉄が産出し、中国の貨幣の様にその鉄は物の売買に利用されており、倭国もその鉄を弁辰で入手していた記載されている。

この弁辰の鉄を入手できた倭国とは、当時、朝鮮半島との交流の主体国であった奴国と考えられる。奴国は、当然その鉄の製造技術も弁辰より得ていたものと思われる。

従って、倭国内（九州）では二～三世紀頃奴国のみが、褐鉄鉱がとれた自国の生目の地で鉄の生産ができたのではなかろうか。鉄という強力な武器を奴国は、持ったことになる。

その後、邪馬壹國連合が東征にかかり、その途上出雲地方で砂鉄が大量にとれることを発見し、この製鉄の技術を三世紀後半頃に、出雲に伝えたとの推測も可能である。

ただし、砂鉄は、褐鉄鉱に比べ、純度の高い鉄が大量に得られるが、融点が摂氏一一五四度以上と高温のため大量の炭と、鞴《ふいご》の技術を必要とした。また大量の砂鉄を手に入れるため膨大な水が必要であった（鉄穴流し・かんな流し）。

また、「たたら」という独自の製鉄技術も発展させた。

つまり、砂鉄から鉄を生成するには、高度な製鉄技術を必要とした。邪馬壹國からの製鉄技術の導入の為に、当然出雲は、邪馬壹國連合に加盟したのではなかろうか。

この出雲の邪馬壹國への併合が、出雲の国譲りの神話の基になったのではなかろうか。

三世紀当時、奴国にとって、有力な褐鉄鉱石の産地である生目の地は、辺境の地であったが、鉄の有力な生産地であったと思われる。

そうすると、邪馬壹國の女王卑彌呼が辺境の生目に都を定めたことも、奴国が強大になった理由も納得できる。

大淀川の氾濫域は、葦が大量に生育し、その葦の根元に褐鉄鉱が大量に生成されたと思われる。

鋼の武器という強力な力を得、鉄を材料とした農機具の改良により食料の入手も安定したことで、奴国は、周辺国を併合、邪馬壹國に成長し、やがて東征し大和政権を確立したのではなかろうか。

宮崎の地は温暖で稲の二期作もでき食料増産にも適した土地柄であったと思われる。

# 第六章　五世紀の倭の五王について

前章で、西暦二六六年以来一五〇年ぶりに中国の歴史書『宋書』に倭国が登場することを述べたが、ここでは『宋書』に記載されている倭の五王について少し話をしてみたい。

邪馬壹國と大和朝廷の繋がりが見えるかもしれない。

五世紀末頃に著された『宋書』に倭の五王について、次のように書かれている。

- 西暦四二一、四二五年　倭王（讃）遣使。
- 西暦四三八年　倭王（珍）遣使。（讃）の弟である。
- 西暦四四三、四五一年　倭王（済）遣使。
- 西暦四六二年　倭王（興）遣使。（済）の子である。
- 西暦四七八年　倭王（武）遣使。（興）の弟である。

日本書紀によると、西暦四二〇～四七八年は、允恭《いんぎょう》天皇～雄略天皇の時代である。

倭の五王が、大和朝廷の王なのか九州の倭国の王なのか、大和朝廷ならば、どの天皇なのか、検証してみよう。

先ず、検証に必要な材料を以下、三例挙げてみよう。

一、『宋書』の蛮夷伝に倭王（武）が四七八年に遣使の際の上表文がある。

〈東征毛人五十五國西服衆夷六十六國渡平海北九十五國〉

意味は、東は毛人五十五国を征し、西は衆夷六十六国を服す。渡海し海北九十五国を平らぐ、である。

二、埼玉県行田市稲荷山古墳出土の剣に西暦にすると四七一年の年号と（獲加多支鹵《わかたける》大王）の名が刻まれていた。

雄略天皇の和名は、（大泊瀬幼武《おおはつせわかたける》）である。従って、この剣は、雄略天皇から下賜されたものと思われるが、この剣には、大王が斯鬼宮《しき》に居たと記されており、日本書紀によると雄略天皇は、斯鬼宮ではなく、泊瀬朝倉宮で政治をとったので、この宝剣の銘が雄略天皇説には、異議が出ている。

磯城宮（斯鬼宮）は、崇神、垂仁天皇の宮であった。しかし『日本霊異記』には、雄略天皇がある時期、仮宮の磐余《いわれ》宮に居たと記載されている。磐余宮は、旧磯城《しき》郡にあった。

この仮宮の磐余宮に雄略天皇が居た折に当宝剣が作られたとしたら矛盾はなくなる。以上の事実は、興味深い。後に述べるが、崇神天皇が最初に大和政権を確立したとすると、その大和での最初の都が磯城宮であり、崇神から十一代後の雄略の代でもまだ磯城宮は、仮宮として使用できる状態であったのではなかろうか。九州より東征し、大和の地に最初に築いた都として、その後も長く磐余宮は、保存してあったのかもしれない。

三、熊本県和水町の五世紀後半の江田船山古墳出土の剣にも（治天下獲加多支鹵大王）の名が刻まれていた。正確には、加多支の漢字は、消えていたが、上記埼玉県の稲荷山古墳の宝剣が出土し、この字が判明した。しかも（天下治める）と刻まれている。この言葉は、当時中国以外の東洋では、日本でのみ使用された言葉と言われている。当時の東洋では、（天下を治める）のは、中国の皇帝のみとなっていた。日本にとっては、余程の大事件であったのであろう。

以上の二、三の事実から判ることは、宋書に記載されていた「武」は、雄略天皇であり当時すでに彼は、九州から関東までを勢力範囲としていたということに他ならない。

日本書紀、朝鮮の歴史書『三国史記』に、西暦四七六、四七七、四八二年に倭国が高句麗に侵攻したと記載されている。

以上の事実は、『宋書』の記載内容〈渡平海北九十五國〉と一致する。

雄略天皇は、統一国家を安定させ、朝鮮までも遠征したようであるが、次の問題は、九州の邪馬壹國連合が、大和政権を確立したのか、又は、近畿に存在した在来勢力が九州の邪馬壹國連合を征服したのか、どちらであったのであろうか。

上記「一」の『宋書』によると雄略天皇の上表文では、東の毛人（蝦夷）は征服したとなっており、西の衆夷は、服従させたとなっている。

この言葉のニュアンスからすると、九州の勢力（邪馬壹國連合）が、古事記、日本書紀の内容通り、先ずは、邪馬壹國連合外の九州勢力（狗奴国、投馬国、末盧国）の（衆夷《しゅうい》）を懐柔服従させ、次に、蝦夷主体の東方の毛人政権を武力征服したと思われる。

しかも朝鮮高句麗にまで遠征していた。

では、倭の五王の残り四名は、どの天皇なのか検証してみよう。

『宋書』の記載内容では、以下の事実が述べられている。

・（讃）と（珍）は兄弟である。

・（興）は（済）の子である。
・（武）は（興）の弟である。―従って（済）は、（興）、（武）の父である。

『梁書』では、（済）は（珍）の子となっているが疑わしい。

『宋書』では、（済）の血縁関係は、記載されていない。

日本書紀によると、この時代の天皇で兄弟なのは、履中《りちゅう》―反正《はんぜい》―允恭《いんぎょう》天皇と安康《あんこう》―雄略天皇である。ということは、（讃）＝（履中）、（珍）＝（反正）、（興）＝（安康）、（武）＝（雄略）となる。

従って（済）＝（允恭）となるが、日本書紀では、允恭天皇も履中、反正天皇と兄弟となっているが『宋書』では、そう書かれていない。しかも『梁書』では、（済）は（珍）の子となっている。

これらの天皇の和名は、以下のようになっている。

履中天皇―去来穂別《いざほわけ》
反正天皇―多遅比瑞歯別《たじひのみずはわけ》
允恭天皇―雄朝津間稚子宿禰《おあさづまのわくごのすくね》

履中、反正天皇は、別《わけ》の名になっているのに允恭天皇は、違っている。

しかもその名は、真人、朝臣の次の三番目の位である、家臣の宿禰である。

允恭天皇は、履中、反正天皇と兄弟ではなく、従って、仁徳天皇の子でもなかったのではなかろうか。

故に『宋書』では、「済」の血縁については、なにも触れてはいないのであろう。

日本書紀では、何らかの理由（皇位の継承が途絶える）で、履中、反正、允恭天皇を兄弟と記載した。

もしかしたら、クーデターで将軍格の宿禰であった允恭天皇に政権が乗っ取られたのかもしれない。

表2　年表

| 西暦（年） | 倭朝鮮半島侵攻年 | 記　　　事 |
|---|---|---|
| 122～207 | | 倭国大乱の時期 |
| 189 | | 卑彌呼女王になる |
| 193 | | 倭国大飢饉、千人余の難民新羅へ |
| | 232、233 | |
| 247 | | 卑彌呼死去。北九州日没時皆既日蝕（3月24日） |
| 248 | | 壹與女王。北九州日の出時皆既日蝕（9月5日） |
| | 249 | |
| 250～286 | | 倭国朝鮮半島侵攻無し。＊ |
| | 287、292<br>294 | |
| 295～345 | | 倭国朝鮮半島侵攻無し。＊＊ |
| | 346、364 | |
| 365～390 | | 倭国朝鮮半島侵攻無し。 |
| | 391、396<br>400、404 | 高句麗王好太王碑文 |
| 421～425 | | 倭王讃遣宗使派遣 |
| | 431 | |
| 425～443 | | 倭王珍が讃の後を継ぐ |
| | 444 | |
| 443、451 | | 倭王濟遣宗使派遣 |
| | 459 | |
| 462 | | 倭王興遣宗使派遣 |
| 478 | | 倭王武遣宗使派遣 |
| | 477、482<br>486 | |

注）西暦250～600年前方後円墳最盛期

# 第七章　大和朝廷成立について

さて次の課題は、九州王権が在来の大和勢力を制圧したのは何時頃なのかという疑問である。つまり大和朝廷は、何時頃成立したのかという課題である。

倭国の朝鮮半島侵攻と国内事情の関係が、大和朝廷成立の一つの大きなヒントとなるのではと考えてみた。

倭国の朝鮮半島侵略は、当時の倭国、韓国両国にとって経済的、軍事的負担を考えると両国にとって大事件であり当然何らかの歴史的記録、痕跡が両国に残っていると考えられる。

韓国には、歴史書として『三国史記』があり、倭国の新羅侵攻は、１４３頁の表２の通り時間別に詳しくこの歴史書に記録が残っている。

それによると、卑彌呼の亡くなった後の三世紀後半から四世紀前半の約百年間もの長期間、倭国は、短期間の一時期を除いて朝鮮半島に侵攻していないという事実が見えてくる。

四世紀前後の百年間で朝鮮半島に侵攻したのは、西暦二八七、二九二、二九四年の三回のみで、しかも七年間の限定した期間となっている。

この七年間の前後は、長期間朝鮮半島には侵攻していない。

三世紀前半の卑彌呼の時代、前の奴国の項で述べたが、『三国志』によると、韓の弁辰で倭国は鉄を入手していたと記載されており、当時朝鮮半島とは、倭国は、頻繁に交流していた事実がある。

結果として巨済島は、三世紀倭国領であったことは、『魏志倭人伝』にも記載されている。また、卑彌呼の時代（西暦一八九〜二四七年）、何回か新羅に侵攻していた事実もある。一方四世紀後半以降は、表2からも明らかなように倭国は、頻繁に新羅に侵攻している。つまり四世紀前後の百年間で朝鮮半島侵攻が七年間の限定期間のみというのは、この時代、非常に特殊な状況なのである。

このような、倭国の朝鮮半島侵攻の記録パターンが日本書紀に残っていないか調べてみたりすると面白い事実が見えてきた。

日本書紀は、漢文で書かれており、古事記とは異なり対外（主に隣国の中国、朝鮮半島の国々）向けの歴史書であるので、日本書紀では、これらの国々との関係に関する史実に重大な嘘は書けないと考えられる。

日本書紀に記録されている朝鮮半島への侵攻記録と天皇の系譜を重ねると次のようになる。

一、初代神武天皇から十代崇神天皇まで朝鮮半島侵攻は、記録されていない。
二、十一代垂仁天皇の時代になって初めて朝鮮半島任那《みまな》に侵攻したと記録されている。
三、垂仁天皇以降十二代景行天皇、十三代成務天皇の時代は、朝鮮半島に侵攻した記録はない。
四、十四代仲哀天皇、神功皇后、十五代応神天皇、十六代仁徳天皇の時代は、すべて朝鮮半島に侵攻している。

表2の倭国の朝鮮半島侵攻の時間軸と右記の日本書紀の記載内容を重ねると、四世紀前後の百年間で朝鮮半島に侵攻した西暦二八七、二九二、二九四年は、十一代垂仁天皇の時代となる。

そうすると、三十六年間朝鮮への侵攻のなかった、西暦二五〇～二八六年（表2＊印）の間に邪馬壹國の大和への東征の戦乱が始まり、この間で主に中国（出雲、吉備等）、四国、近畿を制圧し大和朝廷の基礎を築いたのではなかろうか。九州の倭国勢力（邪馬壹國勢力）の東征で、当時の日本は、内乱状態で朝鮮侵攻どころではなかった。

この三十六年間朝鮮半島への侵攻がなかった間の王権は、初代神武天皇～十代崇神天皇となる。
従って、垂仁天皇の朝鮮半島侵攻以降、半島侵攻のなかった西暦二九五〜三四五年（表2＊＊印）の五十年間は日本書紀によると十一代垂仁天皇、十二代景行天皇、十三代成務天皇の時代となる。

以上より、垂仁天皇の前、崇神天皇までで、ある程度大和政権の基礎は確立された為、その後の垂仁天皇の時代になると、一旦は朝鮮半島侵攻の余裕が政権にできたと推測される。

一方、垂仁天皇の朝鮮半島侵攻後の西暦二九五〜三四五年の期間は、崇神天皇によって確立された大和政権に対し、各地で反乱が勃発し、その制圧に忙しく一旦は始まった朝鮮半島侵攻は、その後できなくなった、ということになる。

反乱制圧は、日本書紀によると日本武尊が行ったということになる。

倭国の朝鮮半島侵攻の歴史的事実と日本書紀に記載された朝鮮侵攻の記録を重ね合わせるとこのような、推測が成り立つ。そうすると、大和政権の基礎を築いたのは、西暦二五〇〜二八六年の期間の最後の天皇である崇神天皇ということになる。

従って神武〜崇神天皇は、西暦二五〇年頃〜二八六年までの時代に活躍したと推測される。

十代崇神天皇は、日本書紀によると、御肇国天皇《はつくにしらす》と記載されており、神武天皇と同様初代

天皇と記載されている。（古事記にも初国知らしし御真木天皇となっている）

また、崇神天皇以前の天皇は、倭彦の名が主流であるが、崇神天皇以後、歴代天皇の名から倭の名が消えているのに注目すると、倭彦は、あくまでも九州の倭国連合（邪馬壹國連合）の王と解釈できて、この崇神天皇、垂仁天皇から大和に進出したと推測される。

崇神、垂仁、景行天皇の時代は、日本書紀によると紀元前九七〜西暦一三〇年であり、丁度、西暦ゼロ年頃が垂仁天皇の時代である。

しかし、前記より、垂仁天皇の朝鮮侵攻が西暦二九〇年前後と推定すると、時間軸がこの時点で日本書紀とは、約三百年近く違っていることになる。

そうすると、古事記、日本書紀に記載されている崇神天皇以前の王は、九州の邪馬壹國の王ということになる。

崇神天皇のすぐ前の三代の天皇は、七代孝霊天皇（大倭根子彦瓊）、八代孝元天皇（大倭根子彦牽）、九代開化天皇（稚倭根子彦大日日）であり、これらの天皇には、いずれも名前に根子彦が含まれている。従って、この三代の天皇は、出雲と関連ある人物の可能性大である（出雲は、古くは根の国と言われていた）。

邪馬壹國連合政権の東征の段階で、その東征の後半のある時期から邪馬壹國政権に出雲の豪族も参入した可能性が大であることをこの根子彦の名が示していると思われる。

このことは、前の章で説明した製鉄技術の伝播《でんぱ》に関連している可能性がある。

邪馬壹國連合東征時、その東征の途上にある出雲とは戦わず同盟し王家どうし血縁を結んだのではなかろうか。古事記、日本書紀の出雲の国譲りはこのことが元となったのかもしれない。

ということは、前述した通り、やはり大和朝廷初代王は、崇神天皇であった可能性が大である。

崇神天皇は、名に根子彦もなく、倭《やまと》もなく御間城入彦五十瓊殖《みまきいりびこいにえ》名である。しかも、前述した如く御肇国王《はつくにしらす》であり、七代~九代と三代続いた根子彦のあとの十代天皇である。

古事記、日本書紀に書かれている景行天皇（崇神天皇の二代後の天皇）の時代、日本武尊《やまとたける》が、九州、出雲、東国遠征した伝説は、大和朝廷創成期の内乱の平定から生まれたのではないだろうか。（上記年表の＊＊印西暦二九五~三四五年）

前述した通り、神武天皇が、卑彌呼王権確立時の邪馬壹國の大将軍とすると、古事記、日本書紀の歴史は、卑彌呼、壹與以後から始まり、それ以前は、神代となる。そうすると、王権の歴史の始まりは、紀元前六六〇年→西暦二七〇年前後（壹與が亡くなったと思われる年）

となり、年代が約九三〇年違っている。

大和への東征は、壹與の時代（西暦二四九年頃〜）の神武天皇（壹與存命時は、将軍）から始まり、西暦二八〇年頃の十代崇神天皇が、大和政権を確立し、その最終仕上げは、十二代景行天皇、十三代成務天皇と日本武尊が行った、と推測される。

それから更に九代後の五世紀後半から六世紀初頭の二十一代雄略天皇の時代に大和政権は、安定したのではなかろうか。

以上大胆な、推測をしてみた。

直接証拠が乏しく、古事記、日本書紀は、王権への忖度による改変が多く、検証が難しいので、確証はない。

## ■神武天皇と卑彌呼、壹與との関係（邪馬壹國と大和政権の関連）

最後に日本書紀の神代から神武天皇に至る物語に対し、『魏志倭人伝』に登場する人物と日本書紀に登場する人物の関係を関連づけて整理しまとめてみよう。

倭人伝では、邪馬壹國の女王は、卑彌呼とあり、卑彌呼の摂政は、彼女の弟と記載されている。さらに伊都国には、大率という邪馬壹國の行政官がいたとある。また、魏へ派遣される使節は、卑彌呼の御代は常に難升米《なしめ》であった。

卑彌呼が亡くなり壹與が女王となると、この難升米は、失脚し掖邪狗《えきやく》にかわったと倭人伝は伝えている。

ここからは大胆な推理であるが、卑彌呼を天照大神とすると、彼女が亡くなり、替わって王になった男子は、卑彌呼の摂政であった弟である公算が大であるので、素戔嗚《すさのお》ということになる。

彼が王になると国が乱れ素戔嗚は、すぐに失脚した。その折難升米も共に失脚し、替わって卑彌呼の宗女の壹與が十三歳で女王となり、彼女の摂政兼行政官に、掖邪狗がなったと思われる。

卑彌呼の御代の難升米より掖邪狗は、更に大きな権力を握ったと思われる。

この掖邪狗が神武天皇ではなかろうか。

その場合は、神武天皇は、壹與が生きている間は、摂政兼将軍であり彼女が亡くなった後、天皇となったと思われる。（西暦二七〇年頃）

西暦二四七年当時、倭国に滞在し倭国内の紛争の調停にあたっていた魏の使節張政の強力な後押しが掖邪狗には、あったことは確かであろう。

また日本書紀では、卑彌呼と壹與を、天岩戸伝説で、死と復活を表現し、天照大神という一人の人物として描いていると想像されるがどうであろうか。

一方倭人伝から卑彌呼の住んだ都は、宮崎県（日向の地）に存在した事が明らかとなり、日本書紀との関連が薄ぼんやりと見えてきた。

日本書紀によると神武天皇は、日向の地から東征を始め、大和政権を樹立したと記載しているが、卑彌呼の住んだ都も宮崎県（日向）にあったことより、三世紀末頃、邪馬壹國を統治した一族が東征し、近畿の地に大和政権を樹立したと考えるのが最も自然ではなかろうか。

付録

# 三国志　東夷傳　倭人条　通称『魏志倭人伝』

## 倭人傳

倭人在帯方東南大海之中依山㠀爲國邑舊百
餘國漢時有朝見者今使譯所通三十國從郡至
倭循海岸水行歴韓國乍南乍東到其北岸狗邪
韓國七千餘里始度一海千餘里至對海國其大

官曰卑狗副曰卑奴母離所居絶㠀方可四百餘
里土地山險多深林道路如禽鹿徑有千餘戸無
良田食海物自活乗船南北市糴又南渡一海千
餘里名曰瀚海至一大國官亦曰卑狗副曰卑奴
母離方可三百里多竹木叢林有三千許家差有

田地耕田猶不足食亦南北市糴又渡一海千餘里至末盧國有四千餘戸濵山海居草木茂盛行不見前人好捕魚鰒水無深淺皆沈没取之東南陸行五百里到伊都國官曰爾支副曰泄謨觚柄渠觚有千餘戸丗有王皆統屬女王國郡使往来常所駐東南至奴國百里官曰兕馬觚副曰卑奴母離有二萬餘戸東行至不彌國百里官曰多模副曰卑奴母離有千餘家南至投馬國水行二十日官曰彌彌副曰彌彌那利可五萬餘戸南至邪馬壹國女王之所都水行十日陸行一月官有伊支馬次曰彌馬升次曰彌馬獲支次曰奴佳鞮可七萬餘戸自女王國以北其戸數道里可得略載其餘旁國遠絶不可得詳次有斯馬國次有巳百支國次有伊邪國次有都支國次有彌奴國次有好古都國次有不呼國次有姐奴國次有對蘇國

次有蘇奴國次有呼邑國次有華奴蘇奴國次有鬼國次有爲吾國次有鬼奴國次有邪馬國次有躬臣國次有巴利國次有支惟國次有烏奴國次有奴國此女王境界所盡其南有狗奴國男子爲王其官有狗古智卑狗不屬女王自郡至女王國萬二千餘里男子無大小皆黥面文身自古以来其使詣中國皆自稱大夫夏后少康之子封於會稽斷髪文身以避蛟龍之害今倭水人好沉没捕魚蛤文身亦以厭大魚水禽後稍以爲飾諸國文身各異或左或右或大或小尊卑有差計其道里當在会稽東治之東其風俗不淫男子皆露紒以木緜招頭其衣横幅但結束相連略無縫婦人被髪屈紒作衣如單被穿其中央貫頭衣之種禾稲紵麻蠶桑緝績出細紵縑緜其地無牛馬虎豹羊

鵲兵用矛楯木弓木弓短下長上竹箭或鐵鏃或骨鏃所有無與儋耳朱崖同倭地温暖冬夏食生菜皆徒跣有屋室父母兄弟臥息異處以朱丹塗其身體如中國用粉也食飲用籩豆手食其死有棺無槨封土作冢始死停喪十餘日當時不食肉喪主哭泣他人就歌舞飲酒已葬擧家詣水中澡

浴以如練沐其行來渡海詣中國恒使一人不梳頭不去蟣蝨衣服垢汚不食肉不近婦人如喪人名之爲持衰若行者吉善共顧其生口財物若有疾病遭暴害便欲殺之謂其持衰不謹出真珠青玉其山有丹其木有柟杼豫樟楺櫪投橿烏號楓香其竹篠簳桃支有薑橘椒蘘荷不知以爲滋味有獮猴黒雉其俗擧事行來有所云爲輒灼骨而卜以占吉凶先告所卜其辭如令龜法視火坼占

兆其會同坐起父子男女無別人性嗜酒
見大人所敬但搏手以當跪拝其
人壽考或百年或八九十年其俗國大人皆四五
婦下戸或二三婦婦人不淫不妬忌不盜竊少諍
訟其犯法輕者没其妻子重者没其門戸及宗族
尊卑各有差序足相臣服収租賦有邸閣國國有市
交易有無使大倭監之自女王國以北特置一大
率檢察諸國畏憚之常治伊都國於國中有如刺
史王遣使詣京都帯方郡諸韓國及郡使倭國皆
臨津捜露傳送文書賜遺之物詣女王不得差錯
下戸與大人相逢道路逡巡入草傳辭説事或蹲
或跪両手據地爲之恭敬對應聲曰噫比如然諾
其國本亦以男子爲王住七八十年倭國亂相攻
伐暦年乃共立一女子爲王名曰卑彌呼事鬼道
能惑衆年已長大無夫壻有男弟佐治國自爲王

以来少有見者以婢千人自侍唯有男子一人給飲食傳辭出入居處宮室樓觀城柵嚴設常有人持兵守衛女王國東渡海千餘里復有國皆倭種又有侏儒國在其南人長三四尺去女王四千餘里又有裸國黒齒國復在其東南船行一年可至參問倭地絶在海中洲島之上或絶或連周旋可五千餘里景初二年六月倭女王遣大夫難升米等詣郡求詣天子朝獻太守劉夏遣吏将送詣京都其年十二月詔書報倭女王曰制詔親魏倭王卑彌呼帯方太守劉夏遣使送汝大夫難升米次使都市牛利奉汝所獻男生口四人女生口六人班布二匹二丈以到汝所在踰遠乃遣使貢獻是汝之忠孝我甚哀汝今以汝爲親魏倭王假金印紫綬装封付帯方太守假授汝其綏撫種人勉爲孝順汝來使難升米牛利渉遠道路勤勞今以難

升米爲率善中郎将牛利爲率善校尉假銀印青
綬引見勞賜遣還今以絳地交龍錦五匹絳地趨粟罽十
張蒨絳五十匹紺青五十匹答汝所獻貢直又特
賜汝紺地句文錦三匹細班華罽五張白絹五十
匹金八両五尺刀二口銅鏡百枚真珠鉛丹各五
十斤皆装封付難升米牛利還到録受悉可以示
汝國中人使知國家哀汝故鄭重賜汝好物也正
始元年太守弓遵遣建中校尉梯儁等奉詔書印
綬詣倭國拜假倭王幷齎詔賜金帛錦罽刀鏡采
物倭王因使上表答謝詔恩其四年倭王復遣使
大夫伊聲耆掖邪狗等八人上獻生口倭錦絳青
縑緜衣帛布丹木拊短弓矢掖邪狗等壹拜率善
中郎将印綬其六年詔賜倭難升米黄幢付郡假
授其八年太守王頎到官倭女王卑彌呼與狗奴
國男王卑彌弓呼素不和遣倭載斯烏越等詣郡

説相攻撃狀遣塞曹掾史張政等因齎詔書黄幢
拜假難升米爲檄告喩之卑彌呼以死大作冢徑
百餘歩徇葬者奴婢百餘人更立男王國中不服
更相誅殺當時殺千餘人復立卑彌呼宗女壹與
年十三爲王國中遂定政等以檄告喩壹與壹與
遣倭大夫率善中郎将掖邪狗等二十人送政等
還因詣臺獻上男女生口三十人貢白珠五千孔
青大句珠二枚異文雜錦二十匹

# 付録　宋書（巻九十七・夷蠻）

## 倭國

倭國在高驪東南大海中世修貢職高祖永初二年詔曰倭讃萬里修貢遠誠宜甄可賜除授

太祖元嘉二年讃又遣司馬曹達奉表獻方物讃死弟珍立遣使貢献

自稱使持節都督倭百濟新羅任那奏韓慕韓六國諸軍事安東大将軍倭國王表求除正

詔除安東将軍倭國王珍又求除正倭隋等十三人平西征虜冠軍輔國将軍號詔竝聽

二十年倭國王濟遣使奉獻復以爲安東将軍倭國王

二十八年加使持節都督倭新羅任那加羅奏韓慕韓六國諸軍事安東将軍如故

幷除所上二十三人軍郡濟死世子興遣使貢獻

世祖大明六年詔曰倭王世子 興奕世載忠作藩外海稟化寧境恭修貢職新嗣邊業宜授爵號

可安東將軍倭國王興死弟武立

自稱使持節都督倭百濟 新羅任那加羅秦韓慕韓七國諸軍事安東大将軍倭國王

順帝昇明二年遣使上表曰封國偏遠作藩干外自昔祖禰躬擐甲冑跋渉山川不遑寧処

東征毛人五十五國西服衆夷六十六國渡平海北九十五國王道融泰廓土遐畿
累葉朝宗不愆干歳臣雖下愚忝胤先緒驅率所統歸崇天極道逕百濟裝治船舫
而句驪無道圖欲見呑掠抄邊隷虔劉不已毎致稽滞以失良風雖曰進路或通或不
臣亡考濟實忿寇讎壅塞天路控弦百萬義聲感激方欲大擧奄喪父兄使垂成之功不獲一簣
居在諒闇不動兵甲是以偃息未捷至今欲練甲治兵申父兄之志
義士虎賁文武效功白刃交前亦所不顧若以帝徳覆載摧此強敵克靖方難無替前功
竊自假開府儀同三司其餘咸各假授以勸忠節
詔除武使持節都督倭新羅任那加羅秦韓慕韓六國諸軍事安東大将軍倭王

# 参考資料

一、『古代中国における地の測り方と邪馬台国の位置―野上道男（東京地学協会伊能忠敬記念講演会　二〇一五年十一月二十八日）
二、『中国最古の天文算術書『周髀算経』之事―谷本茂
三、『邪馬台国の数学と歴史学』半沢英一（ビレッジプレス）
四、『草書体で解く邪馬台国の謎』井上悦文（梓書院）
五、『邪馬台国の全解決』　孫栄健（言視舎）
六、『邪馬台国と製鉄―Shun Daichi.com
七、『魏志倭人伝における倭の地理像　水澗征矢雄（大阪音楽大学研究紀要）
八、『魏略逸文と魏志倭人伝―塚田敬章（東亜古代史研究所）
九、『倭国伝―中国正史に描かれた日本―』藤堂明保、竹田晃、影山輝國全訳注（講談社学術文庫）
十、『古代の謎・二十の仮設（前編）』衣川真澄（パレード）

十一、『日本書紀（上）（下）』宇治谷孟 全訳（講談社学術文庫）
十二、『古事記』倉野憲司 校注（岩波文庫）

〈著者紹介〉

**石田國夫（いしだ　くにお）**

＊昭和 20 年 9 月 11 日 母親疎開先の山梨で生まれる
北海道北見市、網走市で小学校～高校まで過ごす
＊昭和 44 年 3 月 山梨大学工学部機械工学科を卒業
同年 4 月 油圧、空圧関連製品製造会社に就職
自動車関連油圧製品の設計、製造、経営に携わる（エンジニア）
＊平成 12～16 年 米国駐在、現地子会社の経営に携わる
＊平成 25 年退職、以降日本の古代史研究に携わる

魏志倭人伝の解読
―邪馬臺國の解明―

定価（本体 1500 円＋税）

乱丁・落丁はお取り替えします。

2020年3月22日初版第1刷印刷
2020年3月26日初版第1刷発行
著　者　石田國夫
発行者　百瀬精一
発行所　鳥影社 (choeisha.com)
〒160-0023 東京都新宿区西新宿3-5-12トーカン新宿7F
電話 03-5948-6470, FAX 03-5948-6471
〒392-0012 長野県諏訪市四賀229-1(本社・編集室)
電話 0266-53-2903, FAX 0266-58-6771
印刷・製本　モリモト印刷

ISBN978-4-86265-802-9　C0021